U0526957

◆ 专属年轻人的理财书 ◆

聪明的基金投资

通向财务自由之路

财经大V 强少 ◎ 著

四川人民出版社

图书在版编目（CIP）数据

聪明的基金投资：通向财务自由之路 / 强少著. --成都：四川人民出版社，2023.7
ISBN 978-7-220-12863-9

Ⅰ.①聪… Ⅱ.①强… Ⅲ.①基金—投资—基本知识 Ⅳ.①F830.59

中国国家版本馆CIP数据核字（2023）第237738号

CONGMING DE JIJIN TOUZI　TONGXIANG CAIWU ZIYOU ZHI LU
聪明的基金投资：通向财务自由之路
强　少　著

责任编辑	薛玉茹
特约编辑	江　凤
版式设计	戴雨虹
封面设计	李其飞
责任校对	舒晓利
责任印制	祝　健
出版发行	四川人民出版社（成都市三色路238号）
网　　址	http://www.scpph.com
E-mail	scrmcbs@sina.com
新浪微博	@四川人民出版社
微信公众号	四川人民出版社
发行部业务电话	（028）86361653　86361656
防盗版举报电话	（028）86361661
照　　排	四川胜翔数码印务设计有限公司
印　　刷	成都蜀通印务有限责任公司
成品尺寸	185mm×260mm
印　　张	12.25
字　　数	230千
版　　次	2023年7月第1版
印　　次	2023年7月第1次印刷
书　　号	ISBN 978-7-220-12863-9
定　　价	58.00元

■版权所有·侵权必究
本书若出现印装质量问题，请与我社发行部联系调换
电话：（028）86361656

前　言

财务自由是每个人都向往的，投资理财也越来越受到大家的重视。

以前大部分人都习惯把钱存在银行里，因为这样做不仅安全，而且还能收到一定的利息。因为活期存款的利率比较低，有的人会选择定期存款。把每个月到手的钱都存一年的定期，这样每个月都会有一笔存款到期，可以解决临时要用钱的问题，如果不用的话，就再存一年的定期。

随着经济的不断发展，人们越来越意识到有关通货膨胀的问题。以前1元可以买到10个鸡蛋，现在1元只能买到1个鸡蛋了，以前万元户就算非常富有的了，现在手里有百万都谈不上富有。相同的钱，购买力下降了很多，如果把钱单纯地放到银行吃利息的话，钱贬值的速度会非常快。所以，很多人开始寻找新的理财途径。

随着互联网的发展，移动支付越来越普及，大家慢慢接触到余额宝和零钱通这些理财产品，越来越多的人特别是年轻人开始习惯于把闲钱放到支付宝和微信里面，因为这些平台的利息比银行的活期存款高出不少。

随着余额宝这类货币基金的规模越来越大，其收益率也越来越低，刚开始可能有五六个点，慢慢地只有两三个点了。大家也越来越不满足于这种产品，于是又出现了一些高收益的P2P产品，很多人把钱投了进去，不过随着P2P平台的爆雷，大家开始重视资金安全，于是又重新把钱放回正规的金融公司。

随着自媒体的发展，很多人接触到财商教育，开始投资基金。特别是近几年，基金的规模越来越大，每年都有大量的基金发行，很多年轻人不管不顾地涌入进去，希望通过投资基金实现财务自由。但是，由于对基金的理解不深，相当一部分人赚钱全靠运气，遇到市场不好的时候，靠运气赚到的钱都凭"实力"亏了回去，很多九零后变成了"韭零后"。

现在很多人已经知道需要靠投资理财来打理自己的资产，获取被动收入。随着我国经济的不断发展，以及"房住不炒"的政策落地、资本市场的改革，未来资本市场将会迎来较好发展机遇，构建金融资产将会成为我们生活中的重要部分，投资基金也将成为越来越多人的选择。

然而，赚钱从来都不是一件容易的事情。比如投资理财，必须花时间去学习研究，深刻理解投资理财的本质，掌握正确投资基金的方法，如此，通过基金投资赚取长期稳定的收益是可以实现的。这也是我写作本书的目的。我将系统性地、从零到一分享关于基金投资的知识。从理论到实战，手把手地教大家构建适合自己的基金组合。同时，也会分享一些主流的投资理念，以及自己对投资和财富的认识。

希望大家通过这本书对财富自由和科学投资能有正确的认识，通过坚持基金定投来分享未来中国经济发展的红利，分享未来中国资本市场发展的红利，通过科学的投资来实现财富的长久稳健增值，通过投资让自己的生活更美好！

序　从产品经理到投资人的蜕变

你的梦想是什么？我记得在大学的时候，我的回答是："让世界因为我而发生一点点改变。"当时的梦想还带有很纯粹的理想主义色彩。然而，当你再问工作十年后的朋友，很多人的答案变成了：钱！

世人慌慌张张，不过为了碎银几两，偏偏这碎银几两，可解世间万种惆怅。

诚然，钱很重要。但我发现，绝大部分人只在拼命地埋头赚钱，并不知道如何和金钱相处。我总听到类似这样的话："等我财务自由后，我要去环游世界""等我财务自由后，我要去学习投资"。你知道大部分人过上理想生活的最大阻碍是什么吗？没错，就是金钱。如果总是把赚钱当作目标，会很累，很辛苦。

金钱既不是在背后追赶你的饿狼，也不是在前方等待你的港湾。我觉得它更应该是陪伴在我们路上的雨露和阳光。所以，真正地理解金钱，处理好和金钱的关系，才能开启幸福的人生。

写此书的时间是2022年。这年，我33岁，刚过了而立之年，却经历了很多有关金钱的故事。从初出茅庐，到年少得志；从意气风发，到跌落谷底；从一败涂地，再到扬帆起航……这里面有很多令人拍案叫绝的精彩瞬间，也有很多不甚惋惜的错误决定。我把这些案例都汇聚到这本书里，希望能给大家提供警醒，共同进步。

我是一名计算机科班出身的程序员，大学专业是计算机科学与技术，从工作开始就一直从事产品经理的工作。为什么后面会转型成为一名投资人呢？原因是这两者之间有很多的相似之处。产品经理和投资人最高的境界都是通过对人性的感悟、对产业的认知、对商业的洞察，形成一套自己独特的理论，加以实践，从而最终实现成功。

我亦是一个爱深度思考的人，总是努力去看清事情背后的逻辑。所以，做产品经理和做投资，都是在做发自内心热爱的事情。谁说这两个职业之间一定要有明显的界线呢？在投资中，很多决策何尝不是以产品经理的视角去做出呢？

所以，在我们的人生中，不用人为地对一些事情划分界限，或者给一些可能加上枷锁，万事万物皆可融会贯通。"我不是金融出身，我就不能做投资。""我不是职业投资者，我一定比某某差。"这些观点不对，一切皆有可能！

为什么想要写这本书呢？因为我发现身边有太多的案例：

1. 花了几十年辛辛苦苦积累的财富，却在两三年败光。

2. 赚了一些钱，却当守财奴，生活过得很辛苦。

3. 手里的钱不多，要学习理财吗？

4. 全押一次，输了重来！

投资成功这件事，一定是可以通过不断的学习，从而提升获胜的概率。况且，投资的最终目的并不是赚钱，而是让生活更幸福、让生命更有意义。

这本书，一方面我把我十多年的投资经验总结成一套成体系的方法论，展现给大家。即使是投资小白，也可以从零开始，快速入门，绕开投资里的那些坑。对于绝大部分投资者而言，权益类的资产中，基金投资是最好的选择。本书的重点，就是讲基金投资。另一方面，我把我的人生感悟、人生哲学，呈现给大家。每一个投资决策取决于对世界的认知，取决于对商业的感悟，取决于对人性的理解。在我讲述每一次赚钱和亏钱的时候，也会把我的真实感悟呈现给大家，让大家即使没有亲临现场，也能感受我当时所处的场景，从而收获一些经验想法。

我有一个公式，**成功的投资=50%的投资知识+50%的投资心态**。绝大部分的人，都只重视学习知识、学习技巧、学习技术面，忽视了心态、反思和复盘。熟悉我的读者应该知道，我除了讲知识以外，更重要的一点就是不断地和大家一起调整心态。面对贪婪时应该如何处理？遇到恐慌时应该如何应对？这些内容，不能一蹴而就，只能一点一滴地去积累、去提升。而这些内容是本书的一大特点！

我把赚钱分为三个阶段：

1. 赚钱；

2. 快乐地赚钱；

3. 快乐地赚钱和让钱赚钱。

结合我自己的案例，来讲讲这几个部分。

1. 赚钱

第一个阶段是我刚工作的那几年，那时候对钱没什么概念。2010年我通过校招进入阿里巴巴，担任产品经理。工作几年，每天晚上基本都加班到十一二点。我是一个很勤奋的人，所以对于年轻人不加班的观念是不认可的。到现在，我仍每天工作12个小时以上。

那时的我，总觉得要先努力工作，努力赚钱，等到财务自由后，就去环游世界。这样的我让自己活得很累。并且，年底涨工资时，如果涨幅低于预期，心里就会很难受，觉得自己一年的努力没有得到领导的认可。

2011年，我首次接触股票，开始投资美股，而且对结果过于看重。涨一点，就特别高兴，跌一点，就特别沮丧。

总的原因，就是没有处理好和金钱的关系。把赚钱当作一个结果，而不是一个过程。如果只盯着结果，心态就会急躁。我们更应该优化的是过程。

我每天都和大量的读者交流，我发现80%的读者都处于这种状态，特别容易患得患失。这种状态不仅让自己赚不到钱，而且还会让自己内心很焦虑。

如果赚钱，不是为了让生活更幸福，那一切将毫无意义。

2. 快乐地赚钱

"我们走得太快，是时候停下来等一等自己的灵魂。"这是我在2013年听到的最走心的一句话。那时我已经离开阿里巴巴开始创业。23岁的我，拿到了人生中的第一笔风险投资——150万元。创业的磨砺，也让我的心态变得更加成熟。

那次创业，我先是赚了很多钱，随后连本带利全部赔进去。这个故事，我们以后再讲。创业失败后，我悟出：赚钱不是目的，而是必然结果。此时，已经踏入了第二个阶段。

如果你在工作或者投资中，可以淡化结果，幸福指数会显著提升。这句话说起来容易，真正做到是很难的。

3. 快乐地赚钱和让钱赚钱

财务自由被很多人当作人生目标，甚至可以说是梦想。什么是财务自由呢？简单说，就是被动收入（投资收入）大于生活开销。最大的难点就是实现被动收入稳定。比如说今年投资赚100万，明年亏50万，肯定是不行的。

对于绝大部分人来说，不要把股票和基金的投资收入作为全部收入。因为资本市场有周期性，有牛市和熊市。所以要有多元化的收入，或者多类资产配置才能保持稳定长久。

  建议大家要有一份主业的收入。以主业收入和投资收入两条腿走路，会稳很多。所以我认为第三阶段是快乐地赚钱和让钱赚钱，而不只是简单地让钱赚钱。当你有了更多的被动收入后，你在主业上也可以选择自己热爱的事业。比如像现在，我可以写写书赚赚稿费，虽然不多，但是是自己热爱的。

  不以物喜，不以己悲，我认为是投资的最高境界。在投资中，我始终贯彻长期投资、价值投资、赛道投资。

  写这本书时，刚好我的粉丝在网上突破了100万。让我们一起携手走在长期投资的道路上。让我们一起紧跟国家的方向，分享国家产业升级的红利，让我们一起快乐地赚钱！

  我衷心地希望，这本书不仅能让你变得更富有，还能让你以一种深刻的方式理解人生，理解财富，让自己变得更快乐！

你了解自己的财务状况吗？阅读本书之前，请先回答几个问题。

1. 你觉得自己的收入如何？

    非常好　　好　　满意　　差　　很差

2. 你觉得自己的投资水平如何？

    非常好　　好　　满意　　差　　很差

3. 你有多少资产（包括房产、股票、存款等）？

    1000万以上　　　500万—1000万　　　100万—500万

    10万—100万　　　10万以下

4. 你有多少存款？

    1000万以上　　　500万—1000万　　　100万—500万

    10万—100万　　　10万以下

5. 你每个月能存多少收入？

    40%以上　　　20%—40%　　　10%—20%

    10%以下　　　收入不够用

6. 你是否认为你可以赚大钱？

    是　　否　　没思考过

7. 如果不再有收入，你的现金够你生活多久？

    6个月以上　　　3—6个月　　　1—3个月　　　没有现金

8. 如果5年后的财务状况和现在一样，你会感到满意吗？

    满意　　不满意

9. 你的交际圈中大部分人_____。

    比你有钱　　　财务状况差不多　　　比你穷

10. 你期待多少岁退休（被动收入能覆盖所有开支）？

    _____岁

11. 你了解基金投资知识吗？

    非常了解　　基本了解　　不太了解　　完全不懂

12. 你能承受的最大亏损是?

　　50%以上　　　30%—50%　　　10%—30%　　　10%以内

　　不能承受亏损

13. 你期待基金投资每年能给你带来多少收益?

　　30%以上　　20%—30%　　10%—20%　　5%—10%　　5%以内

14. 回答完上述问题后,你如何评价自己的财务状况?

　　非常好　　好　　一般　　差　　很差

15. 写下一个目标,并带着这个目标来开启这本书。

_____

_____

目 录

第一部分 小白篇

第一章 给投资者的建议 / 002
1 如何变得富有 / 002
2 多少钱才适合投资理财 / 003
3 投资的四个阶段 / 004
4 如何实现财务自由 / 007

第二章 基金的本质 / 009
1 基金为什么这么火 / 009
2 什么是基金 / 010
3 为什么选择基金投资 / 011
4 投资基金的本质是什么 / 013
5 基金的优势 / 017
6 基金的基本信息 / 018
7 基金的购买渠道 / 019
8 基金数据及其查询工具 / 020

第三章 基金的基本类型 / 033
1 基金家族 / 033
2 货币基金 / 034

3　债券基金 / 036

　　4　混合基金 / 038

　　5　股票基金 / 039

第四章　如何选择保守型基金 / 041

　　1　如何挑选货币基金 / 041

　　2　如何挑选债券基金 / 044

第五章　如何选择权益类基金 / 050

　　1　股市是长期回报率最高的资产 / 050

　　2　如何挑选混合基金和股票基金 / 051

第六章　神奇的指数基金 / 064

　　1　什么是指数 / 064

　　2　什么是指数基金 / 069

　　3　特殊的指数基金 / 074

第七章　QDII基金 / 082

　　1　QDII基金 / 082

　　2　QDII基金的优势 / 083

　　3　QDII基金的风险 / 084

　　4　QDII基金的投资建议 / 085

第八章　特殊基金 / 086

　　1　打新基金 / 086

　　2　FOF基金 / 089

　　3　REITs基金 / 091

第二部分　进阶篇

第九章　估　值 / 096
1　价格与价值 / 096
2　价值投资 / 097
3　估　值 / 097
4　相对估值法 / 098

第十章　定　投 / 105
1　定投的起源 / 106
2　定投的原理 / 106
3　定投的优点 / 107
4　定投的条件 / 108
5　定投的金额 / 112
6　定投基金的选择 / 112

第十一章　基金投资组合 / 118
1　投资组合理论 / 118
2　投资组合的基本原则 / 119
3　基金投资组合中的三种角色——足球理论 / 121
4　经典投资策略——"核心+卫星"理论 / 123
5　几种常见的投资组合 / 125
6　组合里买多少支基金 / 126

第十二章　止盈策略 / 127
1　什么是止盈 / 127
2　七大止盈策略 / 128

第三部分　终极篇

第十三章　构建实战定投计划 / 138

　　1　梳理现金流 / 138

　　2　确定投资目的 / 141

　　3　选择投资阵型 / 143

　　4　选择行业和基金 / 146

　　5　明确风险搭配 / 147

　　6　开始定投计划 / 147

　　7　建立止损和止盈规则 / 152

　　8　建立攻防转换方案 / 154

第十四章　钱换不来的经验 / 155

　　1　第一次失败 / 156

　　2　第一次进A股 / 161

　　3　连续经历4次熔断 / 164

第十五章　基金投资的未来展望 / 169

　　1　美国市场的表现 / 169

　　2　中国市场的表现 / 172

　　3　中国经济的走势 / 174

　　4　基金行业的发展 / 175

　　5　看好的行业 / 178

后　记 / 182

第一部分

小白篇

PART ONE

第一章

给投资者的建议

1 如何变得富有

对读者，我推荐的第一本理财入门的书——《富爸爸穷爸爸》。这是一本理财畅销书。非常有缘，我的第一本书居然机缘巧合地选择了出版《富爸爸穷爸爸》的出版社。

那本书讲了一个非常重要的概念：资产和负债。简单理解，资产是能给你带来收入的，而负债是要让你掏钱的。

年轻人想要变得富有，就需要不断地积累优质的资产。

大家可能会有疑问，现金算资产吗？不算，因为现金放在那不动，是无法给你带来收入的。除此之外，由于通货膨胀，手里的现金放着不动也会贬值。你可以想象一下，20年前的1万元，到现在的实际购买力还剩多少。

年轻人想要变得富有，必须具备两个能力。

（1）赚钱的能力；

（2）把钱转变为优质资产的能力。

优质的资产包括优质房产、保险、优质基金、优质股票以及另类资产。

投资优质资产，能力很重要，本书重点讲的是基金投资。

基金是适合大部分初级投资者的产品。基金业已成为服务实体经济和居民财富管理的重要力量。截至2022年9月30日，公募基金方面，资产管理规模已经达到26.59万亿元，较2012年底的2.8万亿元增长了约8.5倍。基金将成为大部分家庭最重要的理财方式之一。

在"住房不炒"的政策背景下，在中国百年未有之大变局的时代，学好基金投资的相关知识，是我们未来分享国家成长红利最简单高效的办法。

2 多少钱才适合投资理财

当你下定决心,准备开始学习基金投资时,可能会有一个疑惑,多少钱才适合开始基金投资呢?

很多人都觉得投资离自己很远,或者要几百万几千万才称得上投资。这个想法是大错特错的。我认为,当你有能力养活自己,并且每个月开始有结余之时,就应该考虑投资了。

这里,我举一个例子:

小A和小B是两位刚毕业的大学生。他们每个月除去主要开销后,都能剩余2000元。

小A选择把每月的2000元进行基金定投,而小B则选择消费1000元,另外1000元存起来。假设他俩的工资和花销都不变,小A的基金定投收益率为年化8%,小B存定期的收益率为年化2.1%。5年后,你知道他俩的存款差距有多少吗?见图1.1。

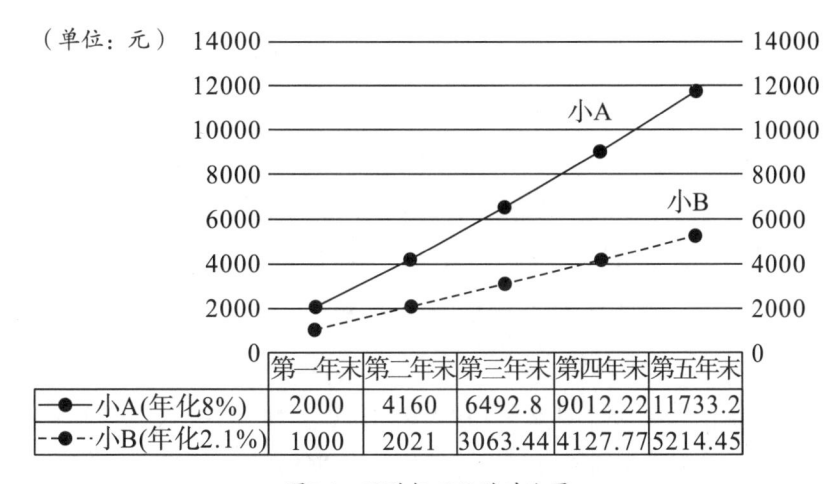

(单位:元)	第一年末	第二年末	第三年末	第四年末	第五年末
小A(年化8%)	2000	4160	6492.8	9012.22	11733.2
小B(年化2.1%)	1000	2021	3063.44	4127.77	5214.45

图1.1 理财与不理财对比图

答案:5年后,小A拥有11733元,小B只有5214元。

差距竟然有这么大?不用惊讶,在后续的章节里,我会带大家一起来算一算。

在你的生活里,只要你努力节约开支,然后使用正确的方法投资,把这些钱转变成优质资产,你的钱就会像雪球一样越滚越大。最终能帮助你实现各种生活目标,比如买房、买车、环游世界。

就拿我身边的同学举例。我本科专业是计算机科学与技术。大部分同学毕业后在一线城市当了程序员。到现在为止工作十年,能留在一线城市的,年平均薪水大概是四五十万。大部分同学的收入水平是差不多的。但是有些同学，已经有房有车；有些同学有几百万的股票；还有些同学除了一点存款，没有太多的资产。

作为大学同学，工作的薪水差不多，大家的能力、智商相差都不大。造成较大差距的核心原因在于工作之外的投资理财意识。

越早开始学习投资理财，你就越有可能赢在起跑线上。这一个细微的差别，可能会成为影响你一生最重要的因素。

3 投资的四个阶段

对于投资理财，从无到有，从零到一，分为四个阶段。

3.1 开始存钱

相对于其他人，我在这个方面可能有天赋。记得在上大学的时候，每到月底我就成了我们班的"富豪"。其他同学都"断粮"了，唯独我还有"余粮"。正因为有存钱的习惯，我几乎没有遇到过个人"财务危机"，也几乎没找别人借过钱。

大部分的读者，可能在刚工作那几年都是没有个人财务规划的，基本上是赚多少花多少。没有目标，没有数据分析，更没有存钱的意识。工作了好多年，工资一年比一年高，消费也一年比一年高，最终，每年能存下的钱并没有变多。

这个可以理解，大部分人都会把显而易见的简单事物当作目标。我推荐大家要追求另外一个目标：我一年能存下多少钱。存下的钱，不一定是现金，也包括基金、股票、房产、理财产品这样的其他资产。

比如计划一年存1.8万元，那么平均到每个月就是1500元。当每月拿到工资后，先扣除这1500元，剩余的钱才是可以消费的部分。不到特殊情况，尽量不要打破规则。

手有余粮，心中不慌。当你慢慢开始有积蓄后，投资理财的第一步就完成了。

3.2 制定目标

洛克定律：90%没有目标的人生都是白费力气。

哈佛大学曾经做过的调查显示：90%的人没有目标，只有6%的人有目标，但比较模糊，只有4%的人有非常清晰的目标。20年后，4%有清晰目标的人在生活、事业、工作上都远远超过了96%的人，甚至这4%的人的财富总和大于96%的人的财富总和。

有无目标不仅决定了一个人是否有前途，也决定了一个人是否能掌控自己的人生，所以，在投资理财上也要有明确的目标，这样才能为存钱赋予意义。

投资计划一般按照短、中、长期来规划。

（1）短期目标（1—3年）

投资要记住一点，投资的目的一定是为了让生活更幸福。不要为了投资而投资，最终变成了一个守财奴。

短期目标，一般是出国旅游、购买消费品、为兴趣买单等等。

（2）中期目标（3—8年）

中期目标的分量会重很多。比如凑够车的首付、房子的首付等。

（3）长期目标（10年以上）

长期目标基本上是整个职业生涯都为之奋斗的目标。比如子女教育金和自己的养老金。打个比方，如果你在40岁就凑够了足够余生消费的钱，以及小孩的所有抚养费和教育金，那是不是可以提前退休了？没错，理论上是这样。

设定长期目标就是自己规划攒够多少钱可以退休。在这里我告诉大家一个简单的公式，如果你有房产的话，按照你现在每个月的实际消费，乘以800。得到的数字大概就是足够你养老的费用。

举个例子，你现在每月消费1万元，得到的数字就是800万元。假设55岁退休，按照平均年龄85岁计算，就要准备30年的养老钱。也就是乘以360个月，共360万元。为什么乘以800，这是有效地计算了CPI（物价指数）通胀率估算的倍数。如果你想提前退休，那就多准备一些钱。

当你为目标制定好时间表以后，你就知道每个月该存多少钱，每个月该投资多少钱，各个时期的目标应该用什么收益率的投资产品来实现。

3.3 开始投资

到这里，终于要进入投资部分了。从投资角度来看，对于普通人，比较常见的有几种方式：房地产投资、股票投资、基金投资、保险投资、银行理财等等。前面也提到，当前环境下最适合普通人的方式是基金投资。在第二章，我会详细讲述为什么基金是最适合大家的投资方式。

3.4 财务自由

一看到这四个字"财务自由"，总觉得是遥不可及。很多伙伴觉得一辈子都无法达到这个状态。这是对"财务自由"错误的理解。其实财务自由很好理解，就是当你不工作的时候,也不用为钱发愁,你的被动收入完全可以覆盖所有的生活开销。

被动收入,顾名思义就是不用劳动也可以获得的收入,俗称躺赚。被动收入的方式有很多种:投资理财收入、房租、专利收入、版权收入等等。对于大部分人来讲,投资理财收入是最为常见的被动收入。

我把财务状况分为三个阶段。

(1)无财务安全。当总收入小于总支出,这时属于入不敷出的状态,对应的是图1.2中A左边的阶段。基本上要靠借钱、透支信用卡等负债行为来维持生活,这是非常危险的状态。需要靠开源节流来改变,一方面想办法开拓"源头"增加收入,另一方面想办法"节流"来减少支出。见图1.2。

(2)财务安全。当总收入大于总支出时,财务状况是安全的,图1.2中对应的是A到B的阶段。开始有存款以后,总收入和总消费差值越大,存款越多。

(3)财务自由。当被动收入大于支出时,就达到了财务自由,图1.2中对应B点右边的阶段。至此你不再为钱发愁,可以花更多的时间去环游世界,去追寻诗与远方。

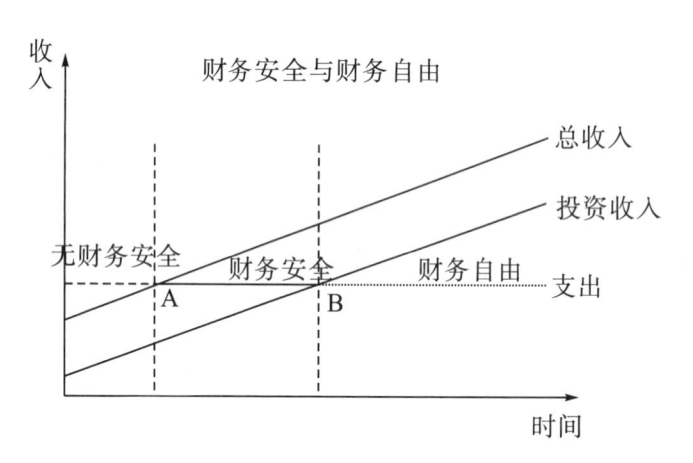

图1.2 财务状况三个阶段

有些人,看起来非常富有,每个月有不菲的收入。但如果没有资产的话,他也属于"穷人"。因为他是靠时间换取金钱,一旦他停止工作,收入就会停止。真正的财务自由就是要靠钱生钱,要让手里的资产帮自己挣钱。即使自己不工作,也可以有稳定的收入。

我们来看美国富豪排行榜,流水的排行榜,铁打的巴菲特(Warren E. Buffett)。这20年来,巴菲特基本牢牢地占着前三的位置。因为他手里有大量优秀公司的股票,这些股票帮他钱生钱,并且风险分散。而有一些富豪,仅靠自己一家公司的股权进入排行榜，一旦公司经营出现问题，就会跌出十大富豪榜。

很多富豪，必须努力经营自己的公司。而像巴菲特，他可以随时去度假。他在做任何事时，他手中的资产都在源源不断地为他"生钱"。

对于年轻人来讲，财务自由可能是几十年之后的事，但是你越早有财务规划、财务目标，越早开始投资理财，你就有机会比同龄人更早一步实现财务自由。所以，不要把"时间还早""我还年轻"当作借口。

路走对了，就不怕远。投资就像是人生长跑，比的不是短期的爆发，而是长期的毅力和稳健。

流水不争先，争的是滔滔不绝。我希望自己能够在投资路上陪伴大家一起走得更远。

4 如何实现财务自由

在搞清楚投资四阶段后，我们就需要为自己的职业生涯定下明确的目标——实现财务自由。

千里之行，始于足下。通向财务自由之路最核心的就是将钱变成资产。依照上面的四步依次进行：开始存钱，制定目标，开始投资，实现财务自由。

在开始第一步之前，我需要纠正一个错误观念。投资并不是天上掉馅饼，并不是你拿着几千几万去投资，就可以实现财务自由的。最重要的是我们需要有第一桶金。

第一桶金怎么获得？有些人是靠父母给的，我的读者群里有好几个上大学的年轻读者，都拿着几万几十万在做基金投资。我印象最深的一位刚上大一，手里就有60万元在理财。有些人是靠做生意赚的，有一位读者在大学里办培训班，收获到人生的第一个100万。

但是对于大部分普通人来讲，第一桶金都是靠工资收入得来，包括我也是。很明确地讲，我第一个几十万就是在阿里上班时赚到的。对多数人而言，早期应该投入更多的时间和精力在工作上，要保证自己有稳定的主业现金收入。没有十年以上的投资经验，

> **小提示**
>
> 通往财务自由之路的两个核心：
> 1. 提高自己的主动收入。
> 2. 找到长期收益率最高的资产。

不建议大家做全职投资人。随着收入越来越多，存的钱越来越多，就要开始花更多的时间精力学习投资，寻找优秀的资产，慢慢地提高自己的被动收入，直至有一天，被动收入超过日常支出，从此大功告成。

接下来，我们将围绕几个核心问题来展开讨论：

1. 如何找到长期收益率最高的资产。

2. 如何长期、科学地投资。

3. 如何通过投资让自己更幸福。

第二章

基金的本质

1 基金为什么这么火

不知道大家有没有留意到一个现象,最近两年身边聊基金的人越来越多。不论是还在上学的弟弟,工作多年的表姐,还是已经退休的大妈;不论是炒股多年的老手,还是从没有投资过的新手。为什么基金突然就这么火了?这里先给大家看一个数据。见图2.1。

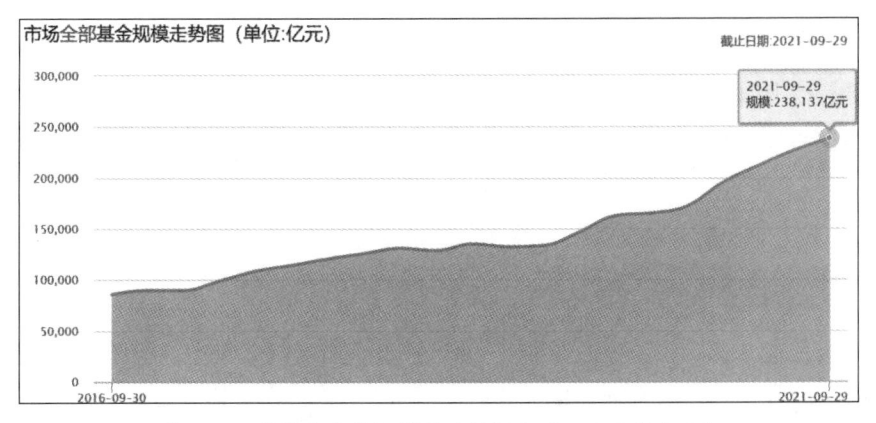

图2.1 公募基金走势规模图(数据来源:天天基金网)

截至2021年9月29日,基金保有总量已经接近24万亿,相较于2015年牛市基金规模(大概是6万多亿),又增长了4倍。可见越来越多的人开始选择基金投资取代股票投资。

在股票投资市场里有一句话:"七亏两平一赚。"可以肯定的是普通投资者大部分都是亏钱的。

股票投资不适合新手投资者,而基金投资,不论是资金要求门槛,还是专业度要求都远低于股票,适合绝大多数人。现在,不论是普通白领,还是中产、富豪,都把基金作为他们的投资工具，基金成为最受老百姓喜爱的投资工具。特别是2020年，大量网红基金暴涨成功出圈，这又吸引了大量的90后、00后开始买基金。

基金成为很多年轻人人生投资的首选，但是第一次投资往往会考虑不周，最终用金钱为冲动买了单。

我一直非常认可一句话："你永远赚不到认知范围以外的钱。"所以在投资基金之前，一定要对基金、股市等投资行为有充分的认识，这样才能增加获胜的概率，让自己在基金投资中赚到更多的钱。同时，要纠正一个误区，基金并不是稳赚不赔的。投资基金一定得注意风险。为什么基金会有风险？哪一类基金风险更低？基金的本质是什么？这一章将为大家解释清楚，让每一个对基金投资感兴趣的读者，更加深入地了解基金投资背后的投资逻辑。

2 什么是基金

俗话说："工欲善其事必先利其器。"想要在基金投资中赚到钱，首先要搞清楚基金的本质是什么。

基金从募集形式上来看可以分为公募基金和私募基金。私募基金门槛高、风险高，主要是高净值人群参与的类型，普通投资者参与的机会较少。

我们在市场上看到的绝大部分基金都属于公募基金，本书里所讲到的所有基金都是指公募基金。

2.1 基金的起源

第一次工业革命后，英国工商业发展迅速，人们兜里有钱了就开始对股票市场进行大规模的投资，尤其是海外市场。

但是对国际投资知识、海外投资环境缺乏了解，再加上地域远和语言不通，导致大量的投资者亏损被骗，因此大家就萌发了集合众多投资者的资金，委托专业人士管理的想法。1868年，英国成立海外及殖民地政府信托基金，主要投资海外实业和债券，这被视为历史上第一支基金。

可以看出基金投资本质上就是委托理财，把钱交给专业人士投资。专业人士在专业能力上远远超过普通人，他们赚钱的机会更大，亏钱的机会更小，这类人就被叫作基金经理。

2.2 基金投资什么

基金经理主要投资什么呢？

我国《证券投资基金法》规定，基金财产应当用于下列投资：

（1）上市交易的股票、债券；

（2）国务院证券监督管理机构规定的其他证券品种。

简单来说，证券投资基金的投资范围为股票、债券等金融工具。目前我国的基金主要投资于国内依法公开发行上市的股票、非公开发行的股票、国债、企业债券和金融债券、公司债券、货币市场工具、资产支持证券、权证等。

3 为什么选择基金投资

先讲一个概念：权益类资产投资。权益类资产投资指投资于股票，以及指数型、股票型基金等理财产品上的资产。投资这类理财产品的特点是，你拥有这类产品的所有权，但这类产品的收益是不能保证的。权益类产品是相对于固定收益类产品而言的。

从历史角度来看，在长期的时间跨度中，权益类资产的收益一般会高于其他类资产。下面，我将用6个数据，告诉大家为什么权益类资产是收益较高的投资品种。

我国的证券市场成立时间比较短，数据不够充分，所以我采用美国的数据。

来看下面这张图，回顾一下美国大类资产1890年至2020年的历史数据，在这130年间，美国CPI年均上涨2.6%。无论投资于股票、长期国债这类金融资产，还是黄金、原油，或者房地产这类实物资产，都可以跑赢通胀。其中，股票年化收益率最高，达到9.5%，10年期国债为4.7%，黄金、原油、房地产的年化收益率略高于通胀，分别为3.5%、3.0%和3.2%。可以说，权益类资产的年化收益率是绝对的王者。见图2.2。

> ✎ 小提示
>
> 1. 买入基金的风险明显要低于股票，基金也更适合普通投资者。
> 2. 即使买在了历史最高点，只要买到好基金，能长期持有大概率也是能赚钱的。
> 3. 基金投资一定要着眼于长期，5年以上的基金投资，亏钱概率非常小。

大类资产投资回报

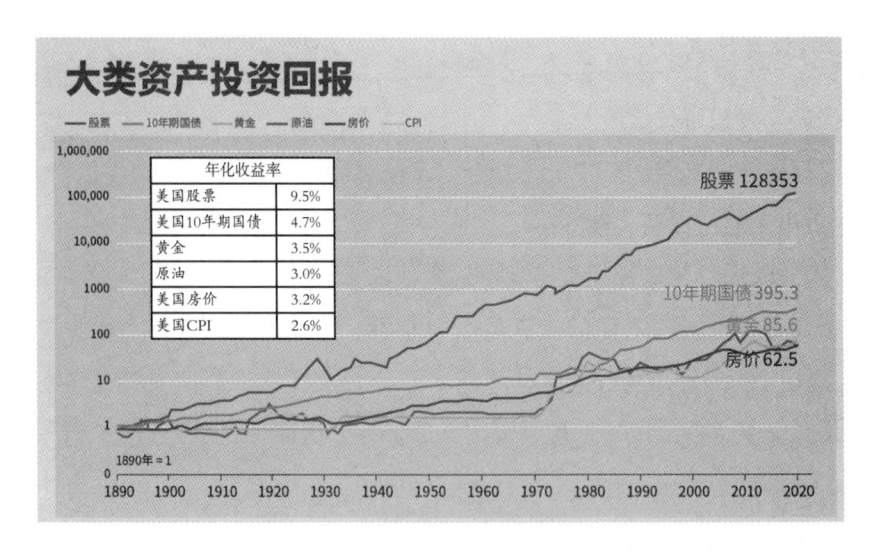

年化收益率	
美国股票	9.5%
美国10年期国债	4.7%
黄金	3.5%
原油	3.0%
美国房价	3.2%
美国CPI	2.6%

股票 128353
10年期国债 395.3
黄金 85.6
房价 62.5

图2.2 大类资产回报

（数据来源：易方达互联网投教基地，OurWorldinData，MeasuringWorth，Robert Shiller，EIA，FRED，CEIC，中金公司研究部。各资产收益均以1890年为基年折算为定基指数，其中美国股票按照S&P Composite Stock Index+成分股分红进行折算；美国10年期国债按照10年期国债利息+资本利得进行折算；房价使用的是美国Case-Shiller房价指数。）

图中可见股票长期收益率显著高于其他资产，财富增值效应遥遥领先。光看收益率大家可能没什么感觉，我给大家举一个更形象的例子。

如果在1980年投资1美元到美国股市，到2020年会变成12.8353万美元，足足翻了12万多倍。但是如果投资国债，只能拿到395.3美元，股票的收益率是债券的300多倍。如果投资房地产，那更少，只能拿到62.5美元，只是股票的1/2000。

为什么股票表现得这么好呢？究其根本，股票的收益来源于企业的盈利能力，企业的利润又和经济发展有关，经济发展越好，企业就越赚钱。

展望未来数十年，中国依然是经济增长力最强的国家。在一系列政策的引导下，我们的资本市场也会越来越成熟，长期坚持投资中国的资本市场，大概率会获得不俗的回报。

当然，我不建议大家直接投资股市，因为股市是非常残酷的，不具备专业的投研能力和经验很难长期赚钱。普通人买股票，大多数结局都是：凭运气赚来的钱，凭"实力"亏了出去。我们常说，让专业的人做专业的事。

其实投资理财也是如此。基金经理作为具备专业技术的人才，炒股比普通人还是要厉害很多的。

综上所述，基金投资是比较适合普通大众的，是入手难度不是很高，收益也不错的一种选择。

大家一定要学好基金投资的相关知识。

4 投资基金的本质是什么

投资基金，其实是投资了股票或者债券。投资基金的本质，我用三个词为大家解释：投国运，投产业，当股东。

4.1 投国运

巴菲特说过："投资就是投国运，投资家应该是爱国者。"

巴菲特在2019年致股东信中坦言，回顾他77年的投资历史，他和芒格高兴地承认，伯克希尔的成功在很大程度上只是搭了美国经济的顺风车（即"美国顺风"）。

投资圈里有个很著名的段子：三个人坐电梯，一人不停地原地跑，一人不停地撞头，一人不停地做俯卧撑。电梯到顶后，三人被问道："你们是怎么上来的？"

一人说"我跑上来的"，一人说"我撞头撞上来的"，一人说"我做俯卧撑上来的"。

从实际结果来看，真正让他们快速上楼的是"电梯"，跟他们在电梯里做什么动作无关。这部电梯就是"国运"。

引用有"周期天王"之称的周金涛的一句名言："每个人的财富积累，一定不要以为是你多有本事，财富积累完全来源于经济周期运动的时间给你的机会。"

这种机会，就是国运。

资本市场的走势反映国家经济的走势，这就是国运。一个经济发展迅速的国家，资本市场必定会一路上扬，我们以金融最发达的国家——美国的资本市场为例来分析。

如果在1918年用1万美元投资道琼斯指数（这个指数用于测量美国股票市场上工业构成的发展，是最悠久的美国市场指数之一，可以简单理解为美国股市的大盘指数。关于这个指数后面我会详细讲解），到2018年，1万美元在股市中将变成288万美元，100年足足翻了288倍。

但是如果在2000年投资相同的资金于欧洲股市（欧洲斯托克50指数），到2020年不仅赚不到钱，还要亏损50%。

为什么相同的投资策略在两个不同的市场会有如此大的差别？

根本原因在于美国自一战后就是世界上发展最快的国家，它的发展速度和体量要远远超过其他国家，因此投资回报率也更高。见图2.3。

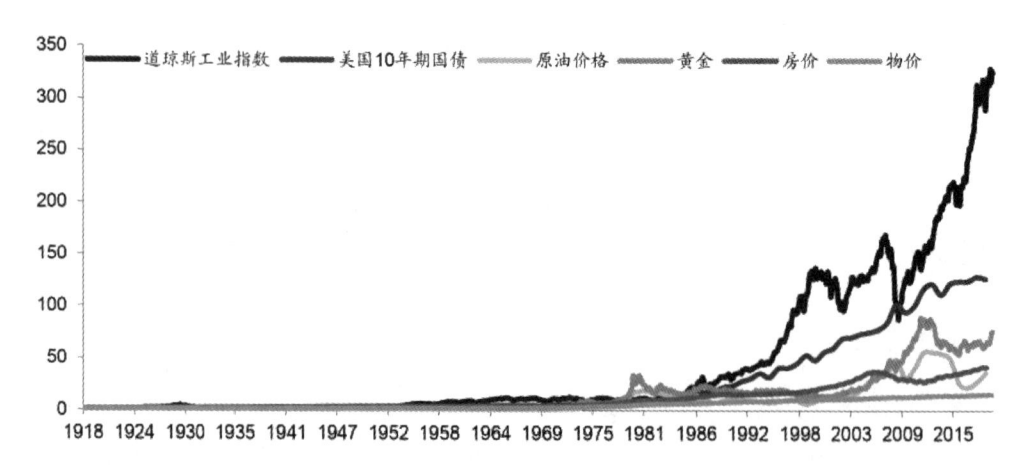

图2.3　过去100年美国各类资产的累计涨幅（以1918年为基期=1）
（数据来源：Wind，海通证券研究所）

再来看一组数据：1899年底，在全球股票市场，美国市场的占比仅为15%，当时的英国占到25%，德法和法国分别占13%和11.5%。见图2.4。

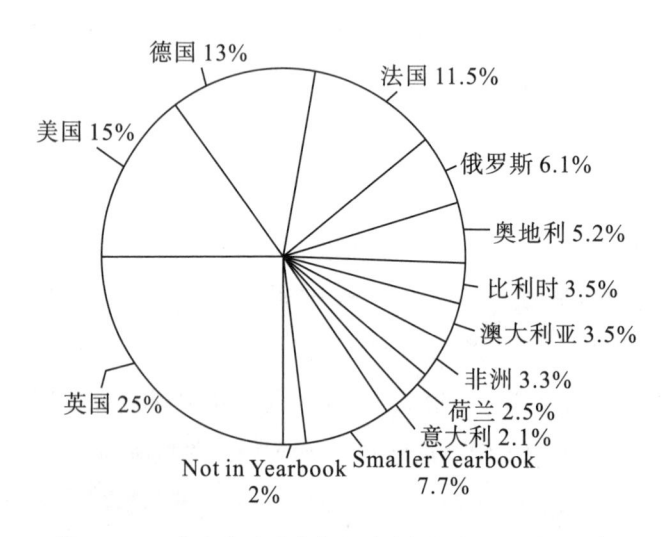

图2.4　1899年底各国股市占比图（数据来源：互联网）

到2017年底，美国股市已经占到了全球份额的51.3%。

纵观这100多年的历史，各国股市占全球的份额，其实就是各国国运的真实写照。

以中国的资本市场来说，如果在2004年买入上证50指数（投资中国大盘蓝筹股），到2020年也能获得5倍多的收益。这是因为中国经济正处于高速发展中，投资中国的资本市场，相当于搭上了"电梯"。

1990年到2017年，上证指数（中国大盘指数）上涨了24.91倍，平均年化涨幅12.81%；同期GDP（国内生产总值）增长42.82倍，平均年化涨幅15.03%。很明显，中国的资本市场涨幅和GDP呈现正相关。国家经济的高速增长，会带来资本市场的高速增长。

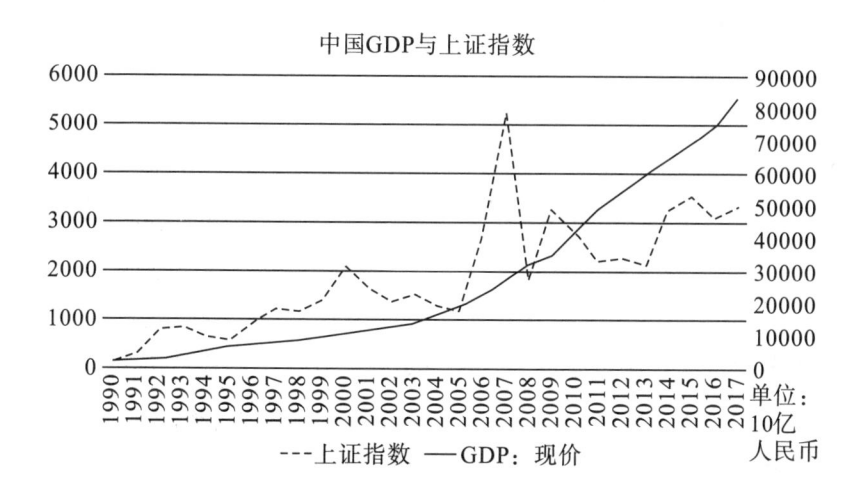

图2.5　1990—2017年中国GDP与上证指数对比图（数据来源：Wind）

因此，基金投资就相当于投资一个国家的国运，只要国家经济良性发展，投资者就能顺风取得不俗的回报。中国作为世界第二大经济体，未来10年、20年将是全球经济增长最快的国家。

4.2 投行业

基金投资的背后实际是投资的股票和债券，这些股票和债券分属不同的行业。有一些基金会投资多个行业，比如说投资了消费行业、医疗行业、电子制造行业。也有一些基金只专注于一个行业，这种就叫作行业基金，比如说消费行业基金、医药行业基金。

投资者个人比较看好哪些行业，就可以选择重点投资这些行业的基金。接下来，我们以2021年最火的新能源行业——农银新能源主题（002190）这支基金为例来分析。这支基金成立于2016年，重点投资新能源产业链。由于新能源产业近几年高景气，在资本市场特别受欢迎，相关公司的股票都涨了不少。所以这支基金也是收获颇丰。2020年正收益163.5%，截至2021年9月30日正收益49.31%。如果2020年初买入，持有两年的时间，将涨近4倍。投资10万元的话，两年后约40万元。

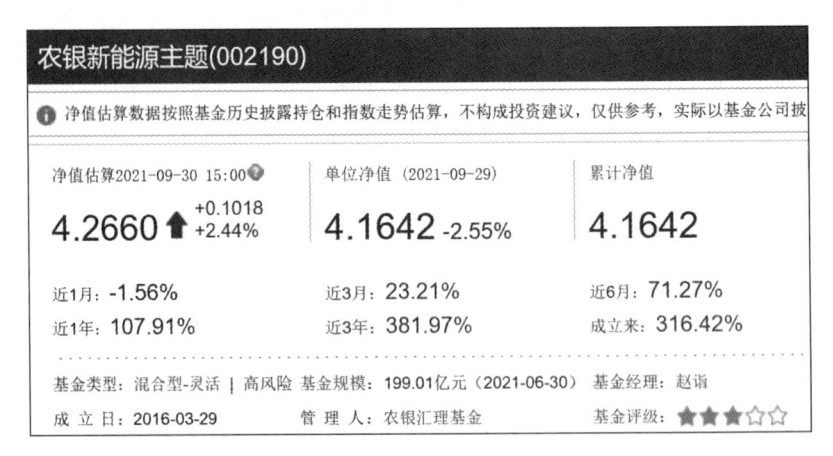

图2.6　新能源行业基金展示（数据来源：天天基金网）

可见投资基金，选到好的行业，高增长的行业，能取得不俗的收益。

在这里，对于如何选择投资价值比较高的行业，简单提供两个方向：

一是天生赚钱能力强的行业。比如说消费行业以及医疗行业，这类行业的特点在于需求较稳定，不受经济周期影响。比如说2020年虽然经济形势不好，但是我们还是得吃饭，生病得吃药，这类企业经营比较稳定，而且盈利能力较强，是值得投资的行业。

二是未来潜力较大的行业。比方说国家一直提到的新基建、新能源、高端制造业等。这些行业未来的成长性较强，提前布局有望获得超额回报。

4.3 当股东

我们知道，投资股票就相当于买入一个公司的股份，而一支普通的股票型基金包含了几十上百只股票，投资者仅仅用少量的资金就可以做多个上市公司的股东。

通过基金投资来当股东还有以下几个优势：

一是投资门槛低。最近这几年，最热门的公司大概就是贵州茅台了，2020年正式成为A股市值最高的上市公司，大家如果想当茅台的股东，按照中国股市的相关规定，最少要买100股。茅台股票这两年的价格基本是每股2000元左右。想成为它的股东，最少要准备二十万的资金。这对很多人来讲，门槛太高了。很多投资者手中现金不足或者不想把这么多的资金全押在一只股票上，此时基金就是个很好的选择，很多基金只用10元就可以买入，满足了绝大部分人的需求。

二是多元化。以前面讲到的新能源行业基金为例，买入这支基金就相当于持有了几十家中国最顶尖的新能源公司，一方面降低了风险，另一方面让我们的投资更加多元化。

5 基金的优势

在明白基金的基本知识和投资基金背后的本质后，我们来看看，基金投资这么受广大投资者的喜爱，核心的优点有哪些。

5.1 专业管理

基金投资是投资者把闲散资金通过基金购买平台，委托给专业的基金经理进行统一投资管理，基金经理去投资股票、债券等，最终，把赚到的钱扣除手续费后投资者可赎回。

这些专业的基金经理，都经历过市场的千锤百炼，具有丰富的证券和其他项目投资经验。他们的投资经验、投资策略远非散户能比。同时，他们投资的历史业绩都是完全公开的，投资者可以通过业绩来优中选优，选择明星中的明星。

你请职业玩家去资本市场上和散户比赚钱，谁的胜算更大？

5.2 分散风险

我们都听过"鸡蛋不要放在一个篮子里"这句话。基金投资就是把钱放在不同的篮子里。散户去买股票，一般都是孤注一掷，集中买1—2只股票，一旦这只股票暴跌，就会损失惨重。

基金投资可以实现资产组合多样化，将资金分散投资于多种股票。通过多元化经营，一方面借助于资金庞大和投资者众多的优势，使每个投资者面临的投资风险变小，另一方面又利用不同的投资对象之间的互补性，达到分散投资风险的目的。

你投资一支基金，那支基金的经理一般都会买20只以上的股票，这样做是为了分散风险，不至于因为一两支股票的暴跌让你损失惨重。

基金投资是组合投资，风险更小，很适合小白投资者。

5.3 资金门槛低

现在很多的好项目，门槛都很高。比如私募基金，起步投资金额是100万元，买房投资也要大几十万的启动资金。而大部分基金，10块钱就能起投，几乎是零门槛，谁都可以参与。

5.4 流动性强

灵活地申购和赎回也是基金投资的一大优势。

你购入的一支基金，如果想卖掉它，当天赎回，最晚三天（T+3日）就可以到账。当你需要用钱的时候，你就可以卖出一部分基金，钱很快就到账。因此，基金非常适合闲散资金的理财。

私募基金、定期存款、房产投资，资金的流动性就相对比较差。

6 | 基金的基本信息

接下来讲一讲基金最基本的信息有哪些，这是我们选择基金的第一步。

以中欧医疗健康混合A（003095）这支基金为讲解案例。见图2.7。

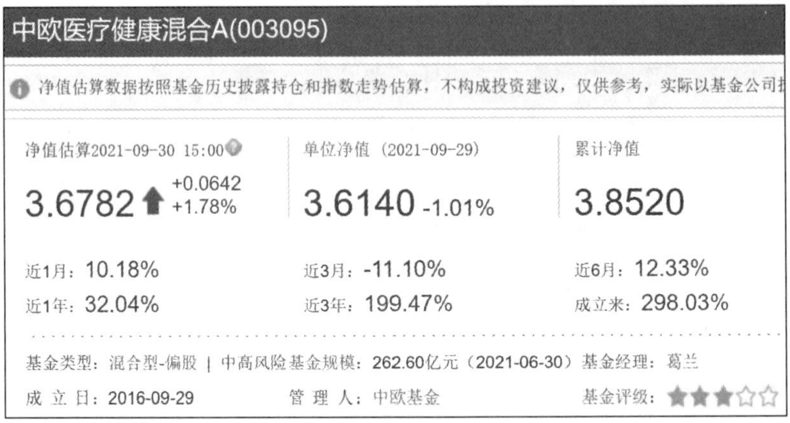

图2.7 基金讲解案例（数据来源：天天基金网）

6.1 基金代码

图表中的"003095"是这支基金的代码，每支基金都有一个6位数的唯一编码。

6.2 基金名称

"中欧医疗健康混合"是这支基金的名称。

"中欧"表示发行这支基金的公司叫作中欧基金管理有限公司，简称中欧。目前我国一共有179家公募基金公司。

"医疗健康"表明他投资的主要方向是医药行业、医疗行业，如创新药、眼科、牙科、CXO等。

"混合"指这支基金的类型是混合型基金，其他类型还有股票型、债券型等。基金类型在下一章会展开讲。

"A"代表的基金收费模式，有A、B、C三种类型，后面也会详细讲述。

6.3 基金单位净值

基金单位净值也就相当于基金的价格，图中"3.6140"就是这支基金在2021年9月29日的价格。

基金每天只有一个价格，是在每天下午3点收盘时的价格。不过要注意，基金每日的价格并不是实时公布的，实际价格会在收盘后的几个小时后公布。

比如你前一天以3.6140的价格买入，第二天价格涨到了3.6782，你就赚到了钱。

6.4 基金经理

基金经理是帮我们管钱的人，所以这个人是我们选择基金的重中之重。图中右下方是本基金的基金经理。基金经理的历史业绩、管理和操盘风格、擅长领域等信息都是完全公开的。在选择时一定要认真斟酌比对。

7 基金的购买渠道

讲完基础信息后，再讲一个大家非常关心的问题。在哪买基金？各个平台的优缺点是什么？按照渠道类型，我把基金售卖分为了三类：

7.1 传统渠道

在过去10多年，大部分基金的销售都来自银行渠道，主要是通过银行的客户经理给投资者推销基金。投资者购买会比较方便，并且银行的可信度高，客户感觉安全。

但是银行渠道也有不少缺点：基金产品不全，只有几家合作主推的基金公司；申购费（买基金的费用）贵，一般情况下，基金的申购费为购买金额的1.5%，也就是买100元，需要1.5元的手续费。银行渠道的申购费一般也是不打折的。

7.2 基金公司渠道

每家基金公司，也会有自己的官方销售渠道。品牌直销，效率高，但是局限性大，大家只能买他们一家公司的产品。

做基金组合投资，我们一般都需要买多家公司的基金。

7.3 新兴渠道

近几年兴起的主要销售渠道是支付宝、天天基金、微信理财通、好买基金等互联网平台。这些平台产品丰富、选择多，几乎涵盖了100%的基金公司。其次费用低，现在互联网渠道手续费基本都是打1折。并且手机App购买非常方便，所以这几年互联网渠道急剧抢占市场，我也推荐大家用互联网渠道购买基金。见表2.1。

表2.1 基金购买渠道对比

渠道类型	平台名称	优　点	缺　点
传统渠道	四大银行、股份制银行、证券公司	1. 安全信赖 2. 适用于中老年客户	1. 费用高 2. 一般只有少数几家基金公司
基金公司渠道	各大基金公司	品牌直销	1. 产品局限性大，只卖本公司产品 2. 费用高
新兴渠道	支付宝	1. 费用低；2. 大品牌；3. 方便	不适合年龄大的用户
	天天基金	1. 费用低；2. 数据最全	
	微信理财通	1. 费用低；2. 方便	

8 基金数据及其查询工具

基金投资时需要查看各种各样的数据。由于数据种类非常多，所以新手的难点是不知道各种数据在哪里查找，因此这一节的内容非常重要。

基金投资一定是理论结合实战的，接下来讲到的案例基金、数据指标等希望读者都可以手动去查一查，这样会进步得更快。

接下来是一份较全的基金投资数据查询手册，这些投资工具会提供很多有价值的数据，熟练运用这些工具，能让投资效率事半功倍。在选取工具时，我尽量都给大家选择免费的工具。

8.1 如何查询基金档案

对于基金投资来说，阅读基金档案是非常有必要的，它会阐述一支基金的投资风格、可投资品种以及投资策略。这个部分我建议大家使用天天基金网。

进入天天基金首页后，在如图2.8所示的搜索栏中输入想要查询的基金代码或名称。比如查询易方达消费行业（110022）这支基金。

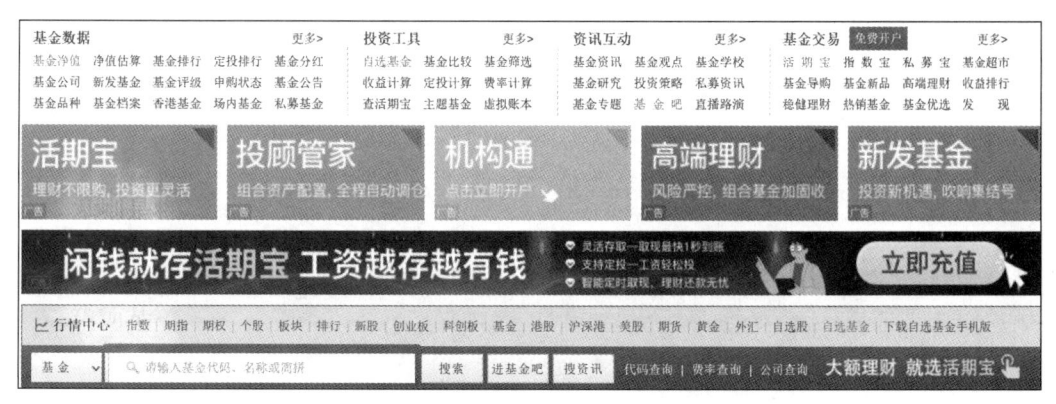

图2.8　查询基金档案工具（数据来源：天天基金网）

接着点击"基金概况"就能看到这支基金的投资目标、投资策略等信息。这支基金主要投资的是消费行业，并且追求超额回报。通过阅读这部分内容，我们就能对这支基金的特性有一个基本的了解。见图2.9、图2.10。

图2.9　基金案例展示（数据来源：天天基金网）

○ 投资目标

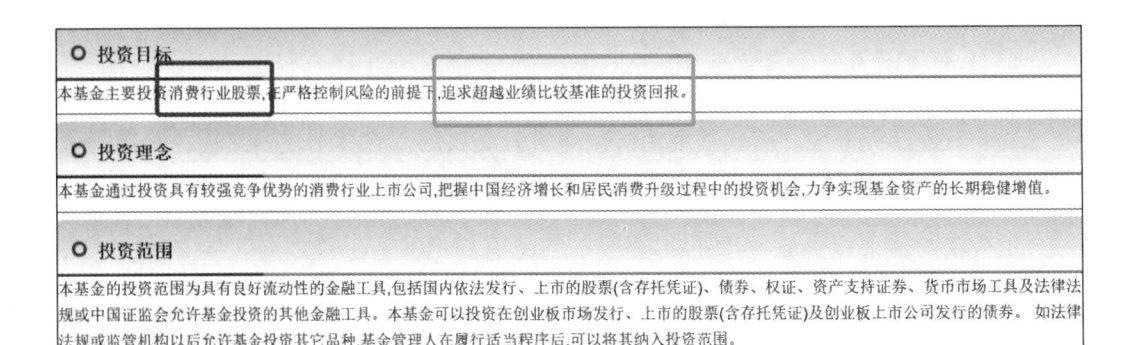

本基金主要投资消费行业股票，在严格控制风险的前提下，追求超越业绩比较基准的投资回报。

○ 投资理念

本基金通过投资具有较强竞争优势的消费行业上市公司，把握中国经济增长和居民消费升级过程中的投资机会，力争实现基金资产的长期稳健增值。

○ 投资范围

本基金的投资范围为具有良好流动性的金融工具，包括国内依法发行、上市的股票(含存托凭证)、债券、权证、资产支持证券、货币市场工具及法律法规或中国证监会允许基金投资的其他金融工具。本基金可以投资在创业板市场发行、上市的股票(含存托凭证)及创业板上市公司发行的债券。如法律法规或监管机构以后允许基金投资其它品种，基金管理人在履行适当程序后，可以将其纳入投资范围。

○ 投资策略

1.资产配置策略 本基金基于定量与定性相结合的宏观及市场分析，确定组合中股票、债券、货币市场工具及其他金融工具的比例，追求更高收益 回避市场风险。 在资产配置中，本基金主要考虑(1)宏观经济指标，包括GDP增长率、工业增加值、PPI、CPI、市场利率变化、进出口贸易数据、金融政策等，判断经济波动对市场的影响;(2)微观经济指标，包括各行业主要企业的盈利变化情况及盈利预期;(3)市场方面指标，包括股票及债券市场的涨跌及预期收益率、市场整体估值水平及与国外市场的比较、市场资金供求关系及其变化;(4)政策因素，与证券市场密切相关的各种政策出台对市场的影响等。 2.股票投资策略 (1)消费行业股票的界定 本基金所指的消费行业由主要消费行业和可选消费行业组成。主要消费行业包括食品与主要用品零售行业、家庭与个人用品行业和食品、饮料与烟草行业;可选消费行业包括汽车与汽车零部件行业、耐用消费品与服装行业、消费者服务行业、媒体行业和零售业。本基金投资于中证指数公司界定的主要消费行业和可选消费行业股票的比例不低于股票资产的95%。 根据中证指数公司《关于行业分类的说明》，中证指数公司进行上市公司行业分类的方法为:"中证指数有限公司根据上市公司正式公告中不同业务的营业收入为分类准则，如仅公司主营业务收入无法确定行业分类，将同时考察主营业务收入与利润状况。上市公司行业划分原则如下:(1)如果公司某项主营业务的收入占公司总收入的50%以上，则该公司归属于该业务对应的行业;(2)如果公司没有一项主营业务上列总收入的50%以上业务收入，和利润均在所有业务中最高 而且均占到公司总收入与利润的30%以上，

图2.10 基金概况展示（数据来源：天天基金网）

如果你想买一支投资多行业的基金，或者只想追求稳健收益，那么这支基金就不太适合你了。基金的投资范围是非常重要的，要注意选择基金被允许投资的产品范围。

比如我们看另外一支基金——易方达蓝筹精选（005827）的投资范围。这支基金是可以投资港股通股票的，想要配置港股的朋友就可以通过投资范围展示来了解基金的投资范围。另外，基金档案中的投资策略会介绍此基金的基金经理选股策略以及择时策略，建议大家也看看。见图2.11。

○ 投资范围

本基金的投资范围包括国内依法发行、上市的股票(包括创业板、中小板以及其他依法发行、上市的股票)、内地与香港股票市场交易互联互通机制允许买卖的香港证券市场股票(以下简称"港股通股票")、国内依法发行、上市的债券(包括国债、央行票据、地方政府债、金融债、企业债、公司债、中小企业私募债、次级债、中期票据、短期融资券、可转换债券、可交换债券等)、资产支持证券、债券回购、银行存款、同业存单、权证、股指期货、国债期货、股票期权及法律法规或中国证监会允许基金投资的其他金融工具,但需符合中国证监会的规定。 如法律法规或监管机构以后允许基金投资其他品种，本基金可以将其纳入投资范围。

图2.11 投资范围展示（数据来源：天天基金网）

8.2 基金的股票持仓

前面讲过，买基金的背后其实是投资股票或者债券，如何查询某支基金具体投资了哪些标的呢？答案是大部分投资网站都能查询到。我依然以刚刚讲到的天天基金网为例。

比如查询兴全商业模式（163415），点击"持仓明细"，就能看到基金持有的前十大重仓股。图2.13就是它的前十大重仓股（截止至2020年12月31日），这个数据每个季度更新一次。

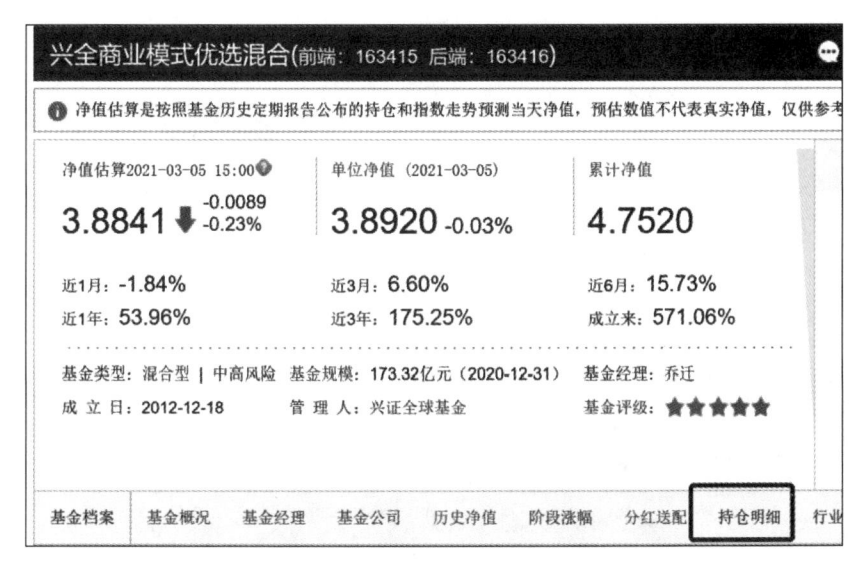

图2.12　股票持仓案例（数据来源：天天基金网）

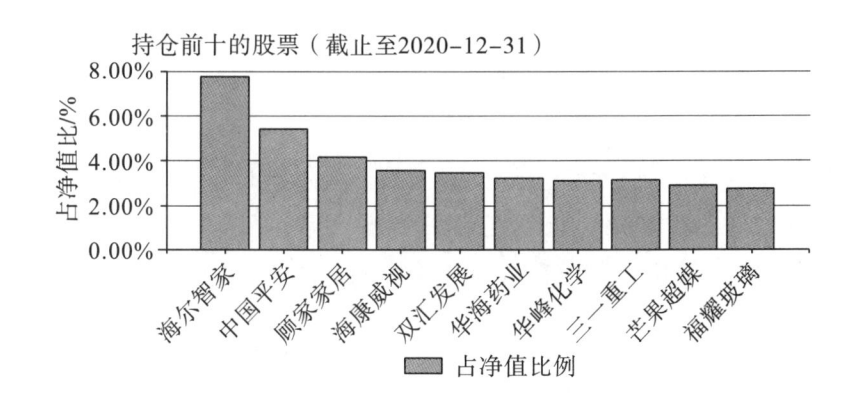

图2.13　十大重仓股（数据来源：天天基金网）

但是只看持仓是不够的，我们更要关注的是一支基金主要投资了什么行业。我们点击"行业配置"就可以看到结果了。见图2.14、图2.15。

天天基金网把大部分行业都归入制造业，比如白酒、家电以及部分科技行业，数据粗略。因此再给大家推荐另外一个网站——乌龟量化。

图2.14 行业配置（数据来源：天天基金网）

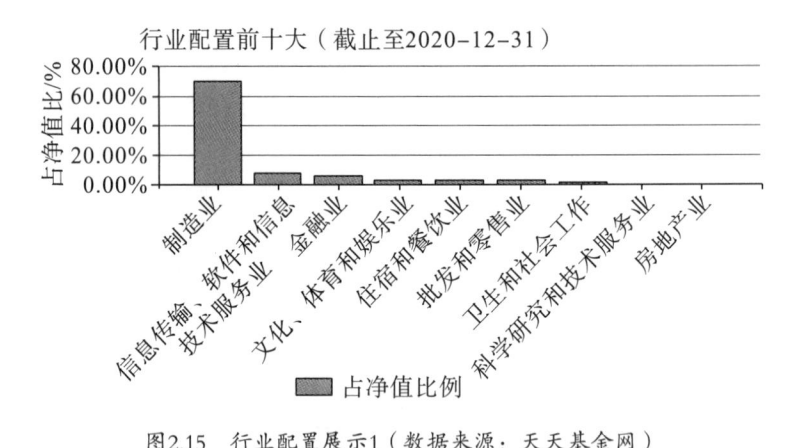

图2.15 行业配置展示1（数据来源：天天基金网）

在乌龟量化网站，选择基金，点击"资产配置"，就能看到如图2.16所示的基金持仓的行业分布。这个网站的优点在于它细分到了二级行业，可以直观地看到基金前三大重仓行业是家电、保险及家用轻工，并且每个行业的数据比例也很清晰。

图2.16 行业配置展示2（数据来源：乌龟量化）

但是这个网站的缺点是需要付费，所以再给大家介绍一个免费网站——萝卜投研。

点击"股票行业分布"，就可以看到这支基金历年的行业持仓比例了。这个网站的行业划分标准和乌龟量化有些许不同，但总体上也还比较准确，不想花钱可以用这个网站。见图2.17。

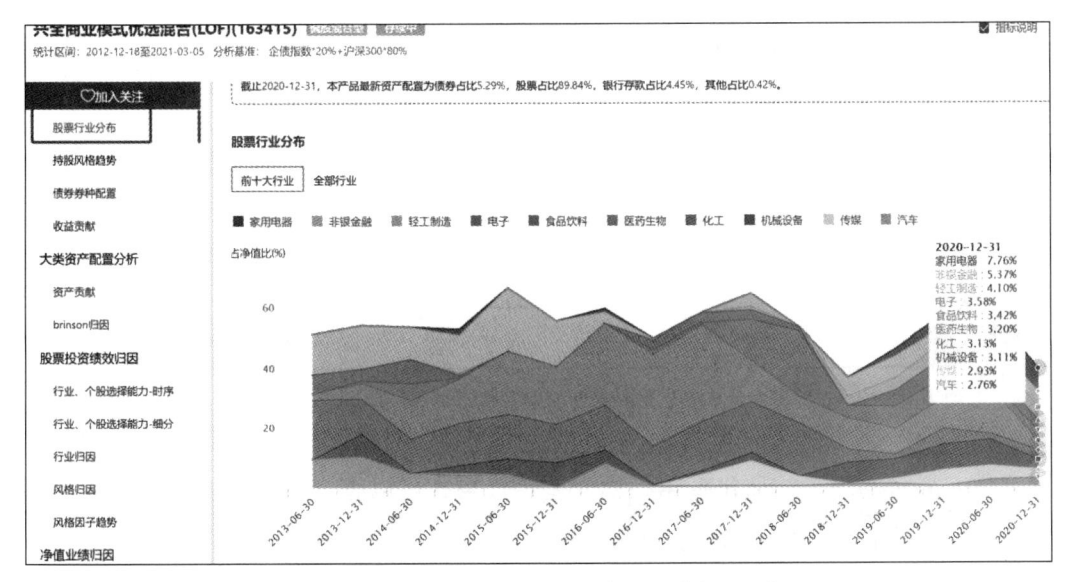

图2.17　行业配置展示3（数据来源：萝卜投研）

8.3 基金的投资风格

我们都知道，根据所属行业，股票可以分为价值股和成长股。根据市值大小，股票可以分为大盘股和小盘股。

一般来说，价值股风险小于成长股，大盘股风险小于小盘股，收益也有所不同。所以，了解基金的投资风格也是非常有必要的。这里介绍两个工具。

第一个是天天基金网。在网页下方，点击"基金投资风格"就能查询了。见图2.18。

需要注意，每个网站可能有所不同。以嘉实新兴产业（000751）为例，天天基金网把它归为大盘价值型风格。但我个人认为，天天基金网的这个板块的数据不太严谨。一是经常把部分成长股归为价值股，二是大盘股和小盘股的界线不清晰。我个人更喜欢用第二个工具——晨星网。

晨星（Morningstar）是全世界权威的基金评级机构，近年来也比较重视中国市场，它的官网提供了很多有价值的数据。

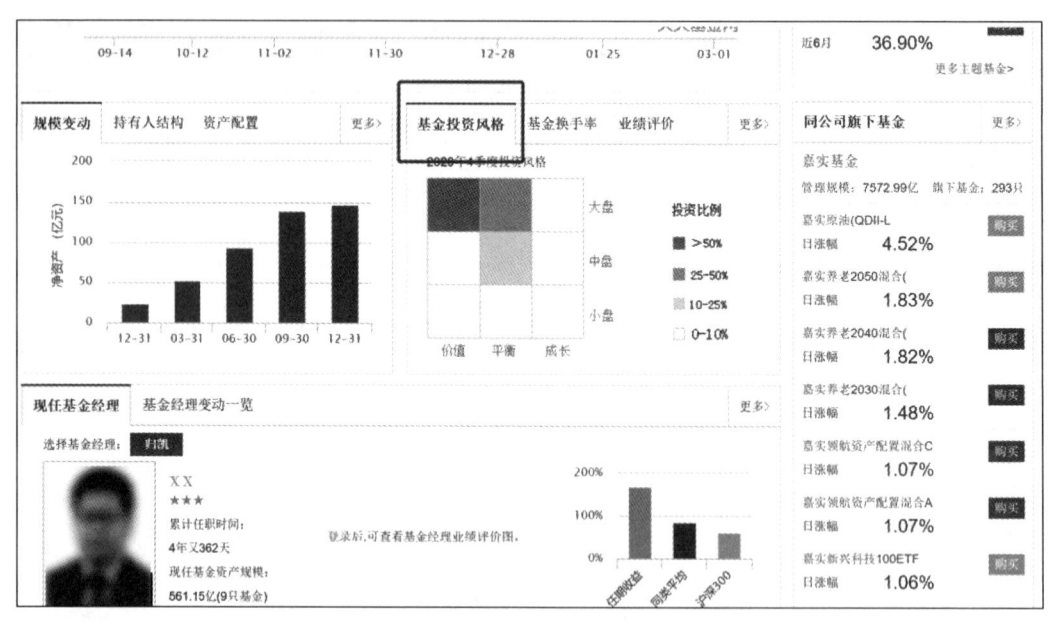

图2.18 基金投资风格（数据来源：天天基金网）

进入晨星网首页，通过搜索栏输入基金代码，可以查询到具体的基金信息，再往下拉网页就能看到基金的投资风格，并且每一部分的投资比例都标注了出来。见图2.19、图2.20。

图2.19 晨星网（数据来源：晨星网）

026

图2.20 基金投资风格（数据来源：晨星网）

可以发现，同样基金嘉实新兴产业（000751），晨星与天天不同，把它归为大盘成长型了。当然，这个问题是见仁见智，我认为晨星更精准一些只是站在我个人的角度。大家在未来会接触到各种各样的主观数据，对每类数据也要有自己的判断。

8.4 基金的业绩

如何评判一支基金的优劣，最重要的就是分析基金的过往业绩。

在天天基金网，点击"阶段涨幅"，我们能看到基金的表现。见图2.21、图2.22。

图2.21 基金业绩1（数据来源：天天基金网）

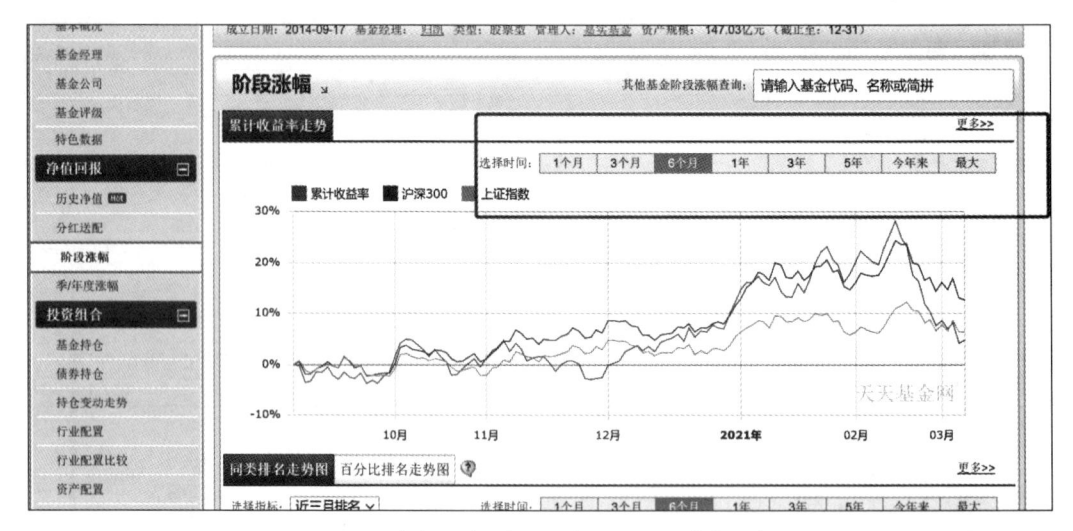

图2.22 基金业绩2（数据来源：天天基金网）

首先我们可以看到基金业绩和大盘走势的比较，其次可以选择不同的时间查看基金的业绩，甚至可以看到基金近1周、1月、1年等的表现，包括不同时间在同类基金中的排名。以图2.23中这支基金为例，可以看到它近期业绩不佳，但是长期回报十分丰厚。

阶段涨幅明细										来源：天天基金
	今年来	近1周	近1月	近3月	近6月	近1年	近2年	近3年	近5年	成立来
涨幅	-6.77%	-2.52%	-12.27%	2.34%	1.53%	37.04%	137.84%	137.73%	286.18%	402.80%
同类平均	0.33%	-0.67%	-3.08%	3.68%	7.16%	28.18%	54.88%	46.59%	81.89%	---
沪深300	0.99%	-1.39%	-4.02%	3.89%	10.33%	25.10%	37.91%	30.98%	70.10%	---
同类排名	1644|1765	1646|1872	1735|1836	1156|1722	1177|1639	407|1423	44|1073	39|835	12|538	---
排名变动	5↑	70↑	30↑	79↑	30↑	80↑	13↑	1↓	---	---
四分位排名	不佳	不佳	不佳	一般	一般	良好	优秀	优秀	优秀	---

数据截止至：2021-03-05　　　　风险提示：收益率数据仅供参考，过往业绩不预示未来表现！

图2.23 基金业绩2（数据来源：天天基金网）

8.5 基金的回撤率

说完了基金的业绩这个收益指标，再来讲一讲如何查询基金的回撤率。

回撤率是指在选定周期内、任一历史时点往后推，产品净值在最低点时，收益率最大回撤幅度的值。简单理解，就是在一段时间内（比如三年、五年）基金最大的亏损幅度。这是考量基金风险控制的指标。

市面上能查询回撤率的软件基本都是要收费的，在这里要感谢热心网友推荐的一个免费软件——腾讯自选股App（应用程序），顺便说一说如何使用。

先在首页输入想要查询的基金代码。接着点击"风险指标"就可以看到最大波动和最大回撤率等风险指标。软件对于这些指标也会有简单的说明。见图2.24。

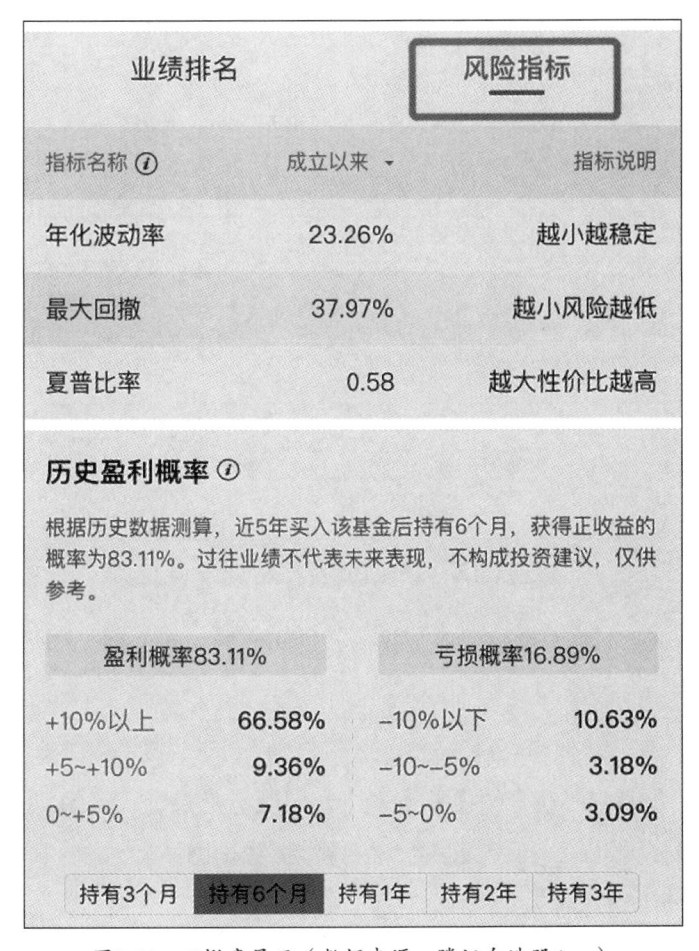

图2.24 回撤率展示（数据来源：腾讯自选股App）

8.6 基金的高阶数据

基金的高阶指标有夏普比率、β值等。建议基础比较好的读者在选择基金时，参考一下这些数据。我们使用晨星网，但是晨星网只有网页版没有App。

页面上标注了晨星风险系数、夏普比率、阿尔法系数、贝塔系数以及R平方这些高阶数据。见图2.25。

历史最差回报（%）					2021-02-28	
最差三个月回报					-26.25	
最差六个月回报					-22.90	
➕ 晨星评级					2020-12-31	
		三年评级		五年评级		十年评级
晨星评级方法论		★★★★★		★★★★★		☆☆☆☆☆
➕ 风险评估					2021-02-28	
	三年	三年评价	五年	五年评价	十年	十年评价
平均回报（%）	4.14	-	-	-	-	-
标准差（%）	23.30	-	19.96	-	-	-
晨星风险系数	11.71	-	9.88	-	-	-
夏普比率	1.36	-	1.47	-	-	-
➕ 风险统计					2021-02-28	
			相对于基准指数		相对于同类平均	
阿尔法系数（%）			23.79		16.39	
贝塔系数			0.96		1.07	
R平方			61.19		72.70	
➕ 风险评价					2021-02-28	
二年		三年		五年		十年
★★☆☆☆		★★☆☆☆		★★☆☆☆		☆☆☆☆☆
晨星股票投资风格箱					2020-06-30	

图2.25　高阶数据（数据来源：晨星网）

我查询过非常多的数据网站，个人认为晨星的数据相对准确。

8.7 基金的宏观数据

基金的相关数据，已经介绍得差不多了。但既然是投资，又想深入学习，一定要对宏观经济数据有所了解，再给大家介绍一些宝藏数据网站。

（1）国家统计局官网

国家统计局官网是最权威的宏观经济数据统计中心。在这里可以找到GDP、CPI、社融等重要数据。查询时，直接在统计数据一栏中点击"数据查询"，接着在搜索栏中输入想要查询的内容。

比如我们输入"GDP"，结果栏中就会有历年的GDP数据，可以点击"相关报表"下载。见图2.26。

图2.26 国家统计局（数据来源：国家统计局）

（2）萝卜投研

萝卜投研的宏观数据虽然没有国家统计局那么齐全，但是整体排列非常直观，表现形势也是以折线图为主。见图2.27。

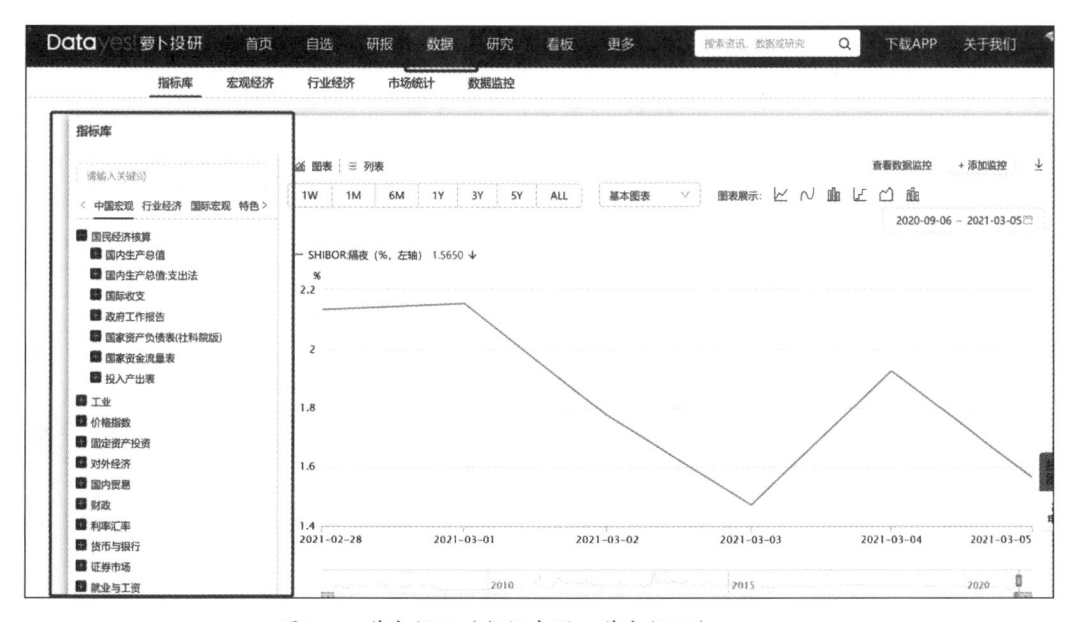

图2.27 萝卜投研（数据来源：萝卜投研）

（3）尼尔森

尼尔森是全球非常著名的数据分析公司。它的官网提供了很多行业资讯，"市场洞察"里面会提供很多高质量的行业分析报告，尤其是消费行业。

（4）艾瑞网

艾瑞网是一家专门提供研报的网站，直接点击"研究报告"就能免费查看。总体上质量还是很高的。

> 小提示
>
> **基金投资信息查询工具大全：**
>
> 天天基金网、乌龟量化（付费网站）、萝卜投研、晨星网、腾讯自选股App、国家统计局官网、尼尔森、艾瑞网……

第三章

基金的基本类型

通过前面几章的学习,大家了解了投资的必要性和基金这种投资工具的优势。尽管基金是最适合投资小白的产品,但是为了我们的投资之路更加顺畅,我们有必要深入学习基金知识。基金大家族中有很多的成员,它们的特点截然不同,在投资中的作用也不同。这一章我将带领大家深入地了解它们,知己知彼,方能百战不殆。

1 基金家族

根据基金所投资的具体资产品种,我们可以把基金划分成货币型、债券型、混合型、股票型、指数型和QDII型。它们的特点不同,收益和风险也截然不同。

图3.1显示了不同基金的风险和收益。大家可以清晰地看到,从左往右,基金的收益率不断升高,但是风险也在逐步增大。

在现实生活中,我们最常接触的是货币型、债券型、混合型和股票型基金,它们理解起来也更容易。本章会着重阐述这四类基金的特性,至于指数型、ETF型和QDII型基金,因为较为复杂,我将会在接下来的几章中一一分析。

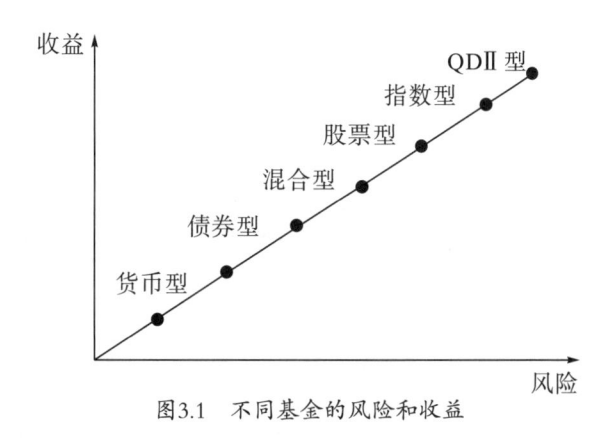

图3.1 不同基金的风险和收益

2 货币基金

说起货币基金，很多朋友应该会比较陌生。但是只要提到某个理财产品，大家就明白货币基金是什么了。支付宝的余额宝就是一种货币基金。货币基金的本质就是基金经理拿着投资人的钱去买一些低风险的产品，比如银行大额定期存单、商业票据和央行票据。货币基金也可以去买一些短期的债券，比如国债和政府债券，但是债券到期日必须在397天之内。

2.1 货币基金的起源

世界上第一支货币基金于1971年在美国成立。在20世纪70年代，美国经历了高速的通货膨胀，当时的存款利率明显要低于通胀率，所以美国民众的储蓄意愿都不强。银行为了吸引储蓄，推出了高利率存单。但是这种存单的起投额很高，至少要投数十万美元。而美国大部分民众远远没有这么多资产，也就无法享受大额存单的红利。当时，一名叫鲁斯·班特的信用分析师产生了一个大胆的想法，成立一支基金去购买大额存单，这样每个投资人都能享受到高利率的好处了。

1972年10月，鲁斯·班特创立的储蓄基金公司购买了30万元的高利率定期存单，投资者可以以1000美元/份认购。就这样，历史上第一支货币基金诞生了。经过近半个世纪的发展，截至2017年底，美国的货币基金保有量占全部基金的13%，约为2.8万亿美元。见图3.2。

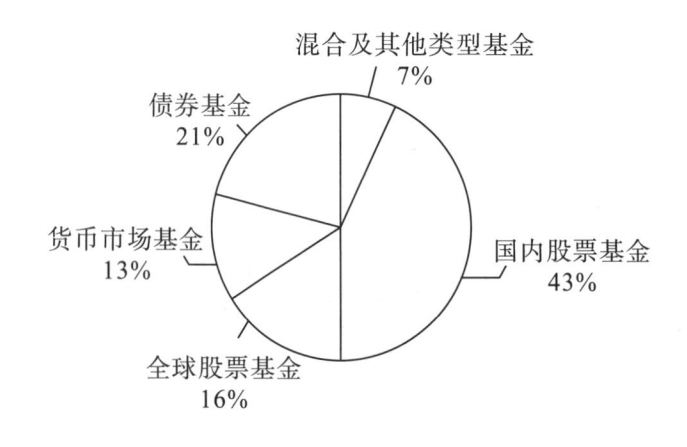

图3.2 2017年底美国各类基金保有量（数据来源：前瞻产业研究院）

我国的第一支货币基金于2003年底成立，但是货币基金的蓬勃发展是在2013年——余额宝诞生。截至2020年9月30日，我国的货币基金规模为7.6万亿人民币，占全部基金规模的40.06%。

2.2 货币基金真的稳赚不赔吗

最近有一种说法，货币基金是一种稳赚不赔的金融产品。事实真的是这样吗？货币基金由于投资的都是银行存单、商业票据等极低风险的货币产品，正常情况下确实不会出现亏损的情况。但是，要注意这是在正常情况下，在极端情况下，货币基金也会亏损。比如2008年全球金融危机时，大名鼎鼎的雷曼兄弟破产。碰巧的是，我们上文中讲到的世界上第一支货币基金"储蓄基金"公司就购买了雷曼兄弟的商业票据。由于雷曼兄弟破产，票据无法兑付，该基金就亏损了3%。当然，这种情况非常少见，全球性的金融危机是几十年难遇的大事件，而像雷曼兄弟这样的巨头破产的概率也非常低，所以只有在极端的情况下，货币基金才有可能出现亏损。

此外，货币基金在极端情况下，还会出现流动性风险。在2013年"钱荒"中，由于市场上流动性不足，隔夜拆借利率一度飙升到10%，而当时货币基金的收益率只有3%—4%。所以很多基民纷纷赎回基金，投到拆借市场。这样一来，基金就遭到巨额赎回，基金经理一时难以筹集到大量现金应付基民的赎回，部分货币基金就将暂停赎回，货币基金的流动性在短期内就变差了。

当然，上述说到的风险都属于极端的情况，不必过于担心。出于谨慎操作，可以同时购买几支货币基金，这样在一定程度上可以分散风险。

2.3 货币基金和银行存款的差别

由于货币基金风险低、流动性好，很多人把货币基金等同于银行存款，其实它们之间还是有很多差别的。第一，货币基金是一种投资产品，投资者把钱集中起来交给专业的基金经理打理，只不过货币基金的投资范围包括了银行存款，本质上是一种信托关系。而银行存款并不算投资，只能算储蓄。第二，银行存款获得的利息不支付其他费用，但货币基金需要缴纳一定的费用，常见的是托管费、管理费和销售服务费，这部分费用包括支付给为基金的运转提供服务的人员，关于费率的问题，后面的章节我们会仔细讲解。

一般来说，货币基金相较于活期存款，收益率更高；相较于定期存款，流动性更好，所以近年来受到很多投资者的青睐。

2.4 新型货币基金——余额宝

2013年6月,蚂蚁金服和天弘基金公司合作,推出了一款划时代的货币基金——天弘余额宝货币基金(000198),也就是我们熟知的余额宝。余额宝颠覆了大家对传统货币基金的认知,因为它基本可以被等同于现金,我们日常购物消费都可以直接使用余额宝支付。但是,余额宝是一款货币基金,并不能直接用于支付。实际是支付宝先行垫付了我们的消费资金,然后再将余额宝卖掉把资金补回来。这样的一种创新使余额宝的流动性大大增强,受到了许多投资者的青睐。目前,余额宝的规模已经接近1万亿元人民币。

2.5 货币基金的特点

货币基金由于流动性好、风险极低的特点,常被投资者用来替代活期存款,用以支付短期的开支。但是货币基金由于只投资极低风险的产品,所以收益率较差,所以不建议大家将大量资金放置于货币基金。

3 债券基金

债券基金是指主要将资产投资于债券的基金,一般来说,至少要将80%的资金投资于债券才能被称为债券基金。债券是一种金融契约,是一些机构为了筹集资金向投资者发行的一种凭证。大部分债券会在债券到期日向投资者支付本金和利息。我们有时私下找亲朋好友借钱打的欠条也可以当成是一张债券。但是在现实生活中,只有政府、金融机构和公司才有资格发行债券。这三种类型的债券,风险和收益也不同。

3.1 债券分类

债券分为政府债券、金融债券和公司债券。政府债券是政府为了筹集资金向投资者发行的债券。政府债券又分为国债和地方政府债券。国债就是国家以信用为担保发行的债券,由于大部分国家是不可能破产的,所以国债的安全性是最高的,违约率非常低。尤其是经济实力较强的大国,比如中国、美国和欧洲的一些发达国家,国债违约的概率几乎为零。当然了,由于基本没有风险,国债的收益率也是几种债券里最低的。

地方政府债券是当地政府为了筹集资金发行的债券,比如说某市政府可以发行债券筹集资金修建基础设施。地方政府债券风险比国债要高,因为地方政府的信用不如国家高。但是它的风险相对来说也非常低,总体上,风险和收益都比国债高。

金融债券顾名思义就是银行等金融机构为了筹集资金而发行的债券。金融债券的风险和收益高于政府债券,但是要低于公司债券。一方面因为金融机构受监管较严,违约的概率较小,另一方面,我国的大部分金融机构实力也比较雄厚。公司债券则是以公司为主体发行的债券,它的风险和收益都是最高的,公司经营不善导致无力偿还本息的情况比较常见。

3.2 债券基金分类

根据能否投资股票,债券基金可以分为纯债基金、一级债基和二级债基。纯债基金只能买债券,不能买股票,所以风险是最低的。一级债基和纯债基金比较像,也不能买股票,但是可以参与打新股,由于A股打新风险比较小,所以一级债基的风险也低。二级债基则是将大部分资产用于买债券,用不超过20%的基金资产购买股票,所以二级债基也叫偏债基金。由于二级债基配置了一定的股票资产,所以它的风险要高于纯债基金和一级债基。如果股票仓位超过20%,一般来说我们就不认为它是债券基金了,而会将它归类到混合基金中,下一节会讲解混合基金的知识。

还有一种特殊的债券基金——可转债基金。可转债是上市公司发行的一种债券,它的特别之处就在于同时兼具股性和债性。可转债的持有人可以选择在特定的价格把债券转换成对应的股票。比如说XX银行发行了一张可转债,可转债的条款规定持有人可以以20元/股的价格把可转债转换成XX银行的股票。假如XX银行业绩非常好,股价涨到了30元/股,基金就可以选择转股,一股可以净赚10元。同样地,如果XX银行股价表现不好,跌到了10元/股,基金可以选择持有这张债券,到期赚取利息,那么和普通的债券没有区别了。我们可以发现,可转债相比于普通的债券,它给持有人提供了一个额外的权利,它的利率相对来说比较低。另一方面,由于可转债同时具备股性和债性,它的波动率比普通的债券高,因此可转债基金的风险比纯债基金和一级债基高。大体上看,这种基金的风险和偏债基金在伯仲之间。当然,既配置了可转债,又配置了不超过20%股票的债券基金风险是最高的,但是收益也很可观。优秀的可转债基金长期的年化回报率能达到10%。

3.4 债券基金的特点

债券基金由于风险低、收益稳定,受到了许多投资者的青睐。首先,它非常适合风险承受能力较低的投资者,比如退休的老人或者收入不稳定的人群。其次,它在资产配置中的作用也非常大,我们都知道高风险对应高收益,所以我们的资产包里既要有像股票这样的高风险资产，也要有像债券这样的低风险资产，这样一来，收益和风险才能大致平衡。比如说在2018年的熊市中，我们就要把债券基金的比例加大，抵抗风险；在2019年的牛市中，我们就可以稍微加大股票基金的比例。很多优秀的债券基金即使在2015年、2018年这种大熊市中，表现也可圈可点，能取得5%以上的收益，这是股票型基金不具备的优势。见图3.3。

	2020年度	2019年度	2018年度	2017年度	2016年度	2015年度	2014年度
阶段涨幅	4.34%	9.79%	7.76%	2.98%	0.79%	10.30%	18.65%
同类平均	4.38%	6.48%	4.56%	2.54%	0.34%	11.16%	20.06%
沪深300	27.21%	36.07%	-25.31%	21.78%	-11.28%	5.58%	51.66%

图3.3　某债券基金收益率（数据来源：天天基金网）

4 混合基金

混合基金是数量最多的基金类型，有4000多支，大概占所有基金的一半。原因是混合基金对股票和债券仓位的限制比较小，基金经理可以根据市场情况自由调仓。就比如说股票基金，它的股票仓位必须维持在80%以上，就算遇到股灾，基金经理最多也只能把股票仓位降到80%，所以投资人只能硬扛股价下跌造成的损失。反观混合基金就没有这个限制，股灾来临时，它可以大幅下降股票仓位，2018年熊市的时候，有一些混合基金甚至把股票仓位降低到0%。同样在牛市的时候，混合基金也可以把股票仓位上升到90%以上，分享牛市股价上涨的红利。基于混合基金的优势，以股票投资为主的新基金一般都是混合基金。

4.1 混合基金分类

一般来说，我们可以将混合基金分为三类：偏股型、平衡型和灵活配置型。

偏股型基金的股票资产一般在60%以上，这种类型的基金主要靠股票资产赚钱，所以股票的仓位一般都会比较高，只有在市场行情不好的时候才会选择降低仓位。当然，也有部分混合基金在熊市也不选择降低股票仓位，因为很多基金经理不喜欢择时或者不擅长择时。所以，基金类型不能说明一切，基金经理的投资风格更为重要，我们会在后面重点学习这方面的知识。

平衡型基金的投资策略是维持股票和债券的仓位保持对半，根据市场行情的不同会有一些不同,但是总体差别不会太大。比如说广发稳健增长混合(270002)就是典型的平衡型基金。这种类型的基金由于股票和债券的比例比较均衡,表现得比较稳健,风险要低于偏股型基金,收益又要高于偏债型基金,所以很多稳健的投资者非常喜爱它。

灵活配置型基金,顾名思义,它的操作非常频繁,可能这个季度股票仓位是80%,下一个季度股票仓位就降到50%,它的优点在于操作频繁,所以短期的收益可能会比较突出。缺点也在于操作频繁可能导致判断错误。

4.2 混合基金的特点

混合基金由于可配置较多股票资产,所以长期收益率非常高。优秀的混合基金在牛市中能取得数倍的涨幅,它在资产包中的作用就是为我们赚取收益,就好比足球比赛中的前锋一样,没有前锋,比赛很可能是赢不了的。

5 股票基金

我们已经讲了股票型基金必须要将80%以上的资产配置于股票,因此可以说是风险最高的基金。很多股票型基金在牛市能涨好几倍,但是在熊市也能在一两个月内下跌30%甚至50%。2015年股灾期间,大量的股票型基金遭遇腰斩,亏损达60%、70%。所以,一方面我们要了解清楚股票型基金的风险,选择将风险控制在自己的承受范围内。另一方面,我们要构建基金组合,依靠债券基金对冲股票基金的风险。如何构建组合也是本书的重点之一,将会在接下来的章节学习。

5.1 股票型基金的优势

2015年股灾,由于市场出现极端风险,大量的股票基金为了降低股票仓位,纷纷改为混合基金。仅8月1日至7日期间,就有34支股票基金更名。当然,股票基金相对于混合基金并非没有优势,尽管混合基金更为灵活,但同时对基金经理的要求更高,尤其是基金经理对宏观经济的判断能力。举例来说,假如市场行情比较乐观,但是基金经理判断失误,主动降低了股票仓位,那么被降低了股票仓位的上涨收益就错过了,俗称"踏空"。

通过历史数据,我们可以发现股票的长期收益远高于其他资产。1801年买入1美元的优质股票,2001年将会变成1270万美元,200年获得了1270万倍的回报!而债券只有

1.82万倍，黄金只有32倍，远低于股票的回报。见图3.4。

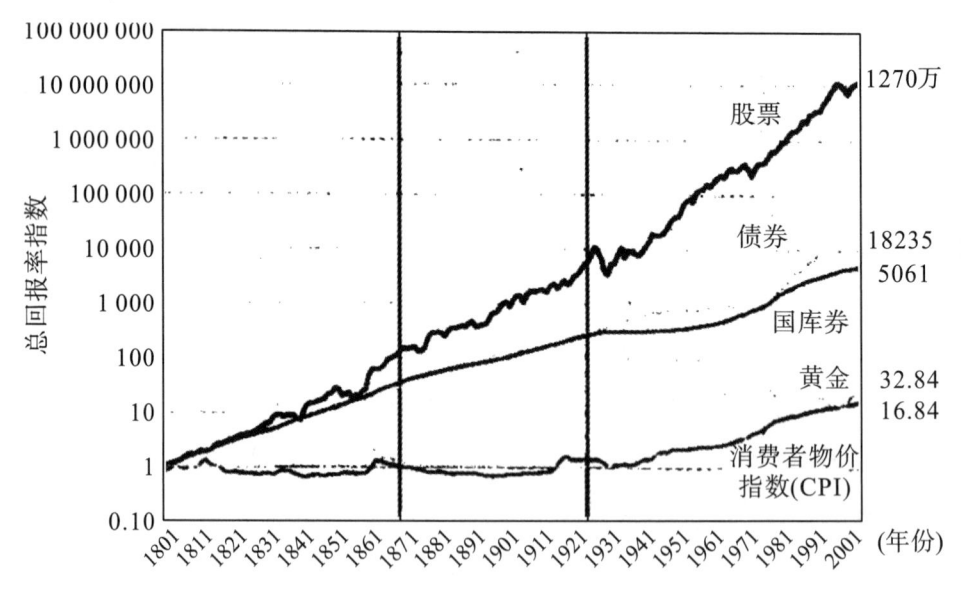

图3.4　1801—2001年来美国各类资产收益率（数据来源：互联网）

我国资本市场起步虽然比较晚，但是也不乏十倍甚至上百倍的牛股，因此长期持有优质的股票未必不是一个好策略。很多优秀的股票基金长期年化回报率在20%以上，这是一个非常可观的数字。当然，一些优秀的投资者可以通过各种经济金融数据判断合适的买卖点，本书的最后一部分会专注于这部分内容。

关于指数基金、ETF基金、QDII基金，将在后面几章展开讲解。

第四章

如何选择保守型基金

通过前面的学习，大家已经对基金的类型有了基本的了解。不同基金的特点不同，风险和收益也有所不同。本章我们会深入学习如何挑选保守型基金，即货币基金和债券基金。

1 如何挑选货币基金

1.1 为什么要投资货币基金

很多朋友嫌货币基金收益低、赚钱太慢。确实如此，以最著名的余额宝为例，年化收益率2%左右，和动辄一年上涨30%、50%的股票基金确实无法比。那么货币基金没有存在的意义吗？

当然不是，货币基金虽然无法保证高收益，但是却有低风险和高流动性的优点。在这里，我首先要给大家介绍一个投资中的著名理论——不可能三角。

一个理想的理财产品应该是这样的：

（1）收益高。

（2）够安全，也就是低风险。

（3）随时可以变现，也就是流动性好。

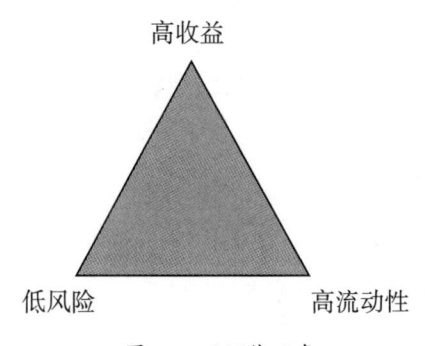

图4.1 不可能三角

但是鱼和熊掌不可兼得。真正的投资理财产品，存在一个"不可能三角"。这是一个著名的理论，即同一个理财产品，在收益高、安全性高、流动性高这三个标准中，最多只能满足两个。

收益高和安全性高都很好理解，什么是流动性呢？举个例子，银行的活期存款就是流动性最高的，你可以随时随地取出来。而定期存款，想取出来就麻烦一点，所以它的流动性就稍微差一点。从利息角度来看，定期存款一定比活期存款的利息要高。这个例子就满足"不可能三角"理论：在安全性一定的情况下，流动性越高，收益越低；流动性越低，收益越高。

从投资"不可能三角"理论，我们可以得出货币基金的应用场景。第一是对流动性的要求极高。比如，你的一笔钱几天或者一个月后就有用处，这个时候买货币基金就非常合适了。第二是风险承受能力或者风险承受意愿非常弱，也可以考虑投资货币基金。比如一些老年人，每月的养老金有限，这部分人群就不太适合投资风险资产了，货币基金则是一个不错的选择。

1.2 挑选货币基金的几个要点

接下来我们正式了解哪些指标最能反映货币基金的优劣，主要有以下几个要点。

1.2.1 基金规模

经济学中有一个"规模经济"的概念，大概意思是说生产的产品数量越多，平摊到每一个产品的费用就越低。比如可口可乐公司，它生产1瓶可乐的单位成本要远远大于生产1万瓶可乐的单位成本。这个道理其实很好理解，总成本分为固定成本和可变成本，固定成本就是产量增加，支出费用不变的成本。比如房租和员工的工资，无论生产多少产品，要支付的租金和工资基本都是相同的，所以对于企业来说，产量必须达到一定的数目才能实现盈利。

"规模经济"对货币基金有什么启示呢？因为货币基金的投资品主要都是大额存单、短期债券这类产品，所以利率的高低是决定收益率的核心因素。怎样获得更高的利率呢？这就取决于基金规模了，一般来说，规模越大，利率就越高。这个原因也很

> **小提示**
>
> 货币基金在极端情况下可能会亏本。

简单，试想你去银行存钱，存1万块钱和1000万获得的利率能一样吗？你存的钱越多，对银行而言，赚的钱就越多，就会给你更高的利率。货币基金也是同样的道理，基金规模越大，基金经理的底气就越足，跟银行讨价还价的筹码就越足。反之，如果基金规模过小，银行可能就不会太重视。

那么是不是说基金规模越大就越好呢？其实也不是，基金规模过大，反而有可能拉低收益率。一是规模过大，一丁点儿的风险就会造成基金资产巨额损失，因此基金经理就会趋于保守，只敢投最稳妥的产品。二是规模过大，基金经理调仓相对不太方便。三是，很多优质的产品也没法买到。举个例子，很多几百亿规模的明星基金是没法在股市买小盘股的，因为基金规模太大，随便拿一点钱出来就可能把小盘股的股票买光，对股价造成重大影响。

基金规模多少比较合适呢？以我个人经验来看，货币基金规模最好保持在200亿—1000亿元，这样基金经理既有资金去获得更高的利率，也不至于规模太大拉低收益率。

	今年来	近1周	近1月	近3月	近6月	近1年	近2年	近3年	近5年	成立来
涨幅	1.15%	0.04%	0.17%	0.52%	1.07%	1.98%	4.13%	6.86%	14.67%	29.93%
同类平均	1.47%	0.05%	0.23%	0.67%	1.36%	2.63%	4.93%	7.89%	15.82%	---
沪深300	-2.46%	-1.12%	-2.71%	2.06%	-7.08%	5.75%	33.46%	45.54%	55.13%	---
同类排名	479|673	97|683	485|682	446|676	478|674	567|662	501|636	502|633	281|413	---
排名变动	16↑	5↓	32↓	1↑	---	4↓	1↓	1↓	1↑	---
四分位排名	一般	优秀	一般	一般	一般	不佳	不佳	不佳	一般	

图4.2 余额宝年化收益率（数据来源：天天基金网）

> **小提示**
>
> 给大家介绍几个购买基金的小技巧。
>
> 第一，尽量在下午3点前申购。因为基金的交易时间和股市是一样的（上午9点半到下午3点），如果在下午3点后申购，第二天才会确认交易，第三天才会计算收益。所以在下午3点后交易，会浪费一天的资金成本。
>
> 第二，不要在节假日期间申购。比如你在10月1日申购，那么10月8日才会确认交易，中间这段时间是没有任何收益的。但是如果你在节假日之前申购，整个节假日期间是可以享受收益的。

图4.2是余额宝的收益率。余额宝的规模有近1万亿元，如此庞大的规模拉低了它的收益率，从图中我们可以看到，近几年来它的收益率都不太理想，同类排名也都比较靠后，也许就是“船大难掉头”。

1.2.2 基金收益率

由于货币基金近乎无风险投资，因此收益率的高低是衡量货币基金的核心，在相同的情况下，我们应尽量选择收益率最高的基金。衡量货币基金的指标包括每万份收益和7日年化收益率。

以余额宝为例，每万份收益就是你花1万块钱买这支基金，一天能赚多少钱。余额宝的每万份收益是0.5584元。7日年化收益率则是以近7天基金的收益率为标准算出的年化收益率，这个收益率只能作为参考，因为未来的情况会发生变化，可能近7天收益率比较大，过段时间收益率又会下降。截图时余额宝的7日年化收益率是2.0630%。见图4.3。

天弘余额宝货币(000198)

每万份收益（07-13）	7日年化（07-13）	14日年化	28日年化
0.5584	2.0630%	2.09%	2.09%

近1月：0.17%	近3月：0.52%	近6月：1.07%
近1年：1.98%	近3年：6.86%	成立来：29.93%

基金类型：货币型	基金规模：9724.15亿元（2021-03-31）	基金经理：王登峰等
成 立 日：2013-05-29	管 理 人：天弘基金	基金评级：暂无评级

图4.3 货币基金余额宝（数据来源：天天基金网）

通过天天基金网“基金排行”这个功能，我们可以一目了然地看到货币基金的收益情况。

2 如何挑选债券基金

2.1 投资中永不沉没的航母

我们身边有很多炒股的朋友，但是很少听到有炒债券的吧？实际上，债券市场的规模要远远大于股票市场。目前中国股市的总市值是86万亿元左右，而中国债券的存量规模已经超过了110万亿元，并且增长的趋势会越来越快。如果按各自的成交量统计，债券的影响力是远远大于股票的，光是世界政府债券的规模，就达到了47万亿美元。

债券，简单来说，就是把钱借给别人，也就是做债主拥有的债权凭证。在债券到期后，除非借钱的一方破产，否则它就必须要把本金和利息还给出借者，所以债券收益是固定的，因此，债券也被称作固收类产品。相较于股票来说，债券的风险是比较低的，其次收益比较稳定，由于大部分债券的票面利率是固定的，所以我们可以选择持有债券，到期获得稳定的回报。另外，债券的价格也会有变动，我们可以利用债券价格的变动，赚取差价。

2.2 挑选债券基金的几个要点

接下来我们来学习一些重点指标，借以判断债券基金的优劣。

2.2.1 投资需求

在投资债券基金的时候，我们首先要明确自己的投资需求。如果只想每年获得一些稳定的回报，不愿意承受过多风险，那么纯债类的基金更适合，优秀的纯债基金即使在熊市价格也不会出现价格亏损。图4.4是某纯债基金的业绩表现，我们可以看到，即使在2015年和2018年的极端行情中，该基金的收益仍然是正的。同样也可以发现，在牛市时，比如2019年和2020年，纯债基金的收益率也显著低于大盘。一支优秀的纯债基金，长期年化回报在6%—8%。

	2020年度	2019年度	2018年度	2017年度	2016年度	2015年度	2014年度	2013年度
阶段涨幅	4.17%	6.71%	8.64%	3.02%	4.17%	11.85%	21.42%	1.90%
同类平均	4.38%	6.48%	4.56%	2.54%	0.34%	11.16%	20.06%	0.69%
沪深300	27.21%	36.07%	-25.31%	21.78%	-11.28%	5.58%	51.66%	-7.65%
同类排名	410|707	324|630	21|594	182|607	28|385	175|348	118|316	80|251
四分位排名	一般	一般	优秀	良好	优秀	一般	良好	良好

图4.4 某纯债基金的年度涨幅（数据来源：天天基金网）

如果你愿意承受一定的风险，同时希望获得比纯债基金更高一些的回报，则可以关注混合债基，也就是可以配置不超过20%股票资产的基金。图4.5是某混债基金的年度表现，它的风险相对纯债基金风险要大，在熊市的时候出现过亏损的情况，比如在2016和2018年，分别亏损5.88%和6.66%，但是相比股票市场亏损幅度还是小很多。好处则是收益率显著高于纯债基金，在某些年度，涨幅甚至比大盘还要高。一般来说，优秀的混合债基长期年化收益率可以达到10%以上，有一些甚至可以达到15%。

	2020年度	2019年度	2018年度	2017年度	2016年度	2015年度	2014年度	2013年度
阶段涨幅	14.49%	20.87%	-6.66%	11.75%	-5.88%	29.32%	77.68%	1.50%
同类平均	4.38%	6.48%	4.56%	2.54%	0.34%	11.16%	20.06%	0.69%
沪深300	27.21%	36.07%	-25.31%	21.78%	-11.28%	5.58%	51.66%	-7.65%
同类排名	67|707	19|630	511|594	2|607	364|385	6|348	3|316	95|251
四分位排名	优秀	优秀	不佳	优秀	不佳	优秀	优秀	良好

图4.5 某混债基金的年度涨幅（数据来源：天天基金网）

至于如何选择，大家要根据自己的情况，但要记住，高收益总是对应高风险，如果你比较激进，可以尝试混合债基，如果比较保守，纯债基金也不错。

2.2.2 基金成立时间和规模

搞清楚自己的需求之后，我们来正式探讨通过什么指标能选出优秀的债券基金。

首先，需要关注的是基金的成立时间和规模，如果基金成立时间太短，那么它的运作可能还不太成熟，而且也没有办法通过过去的业绩判断它的优劣，建议大家至少要选择成立时间在三年以上的基金。另外，如果基金规模太小，有可能面临被清盘的风险，因为基金规模太小，基金公司可能就赚不到钱，建议大家至少要选择基金规模在10亿元以上的基金。这两条准则不仅对债基适用，对于其他类型的基金也同样适用。基金的规模和成立时间，大部分的基金网站都可以轻松查到，比如天天基金和支付宝。

2.2.3 基金持仓和资产配置

接着我们要看债券基金的持仓结构，这是分析它的特点的核心因素之一。上一章我们讲过，从风险和收益来看，可转债>公司债>金融债>政府债。

图4.6是某债券基金的债券持仓结构，可以看到，它的布局还是比较全面的，不仅有中国银行、国开债这样的金融债，也有各种各样的可转债。所以这支基金的风格还是稳中求进的，通过债券持仓结构，我们能大致摸清楚一支基金的脾气。

除了债券持仓结构，我们还要关注基金的资产配置，也就是除了债券，这支基金有没有买股票。

以图4.7中的基金为例，我们可以看到，该基金不仅配置了大量的债券，还买了少量的股票，这就是我们上文讲的混合债基。一般来说，我们也要分析它的股票持仓，这是我们下一章的主要内容，在这里就不展开了。

序号	债券代码	债券名称	占净值比例	持仓市值（万元）
1	1928001	19中国银行永续债01	4.69%	44,787.60
2	2128011	21邮储银行永续债01	2.10%	20,090.00
3	101900343	19供销MTN001	1.61%	15,360.00
4	180208	18国开08	1.57%	15,024.00
5	2028051	20浦发银行永续债	1.49%	14,261.80
6	113026	核能转债	0.05%	481.36
7	127018	本钢转债	0.05%	461.47
8	113584	家悦转债	0.01%	118.41
9	127020	中金转债	0.01%	108.39
10	128081	海亮转债	0.00%	16.08
11	128064	司尔转债	0.00%	14.98
12	113030	东风转债	0.00%	2.76
13	128075	远东转债	0.00%	0.23

图4.6 某债基的债券持仓（数据来源：天天基金网）

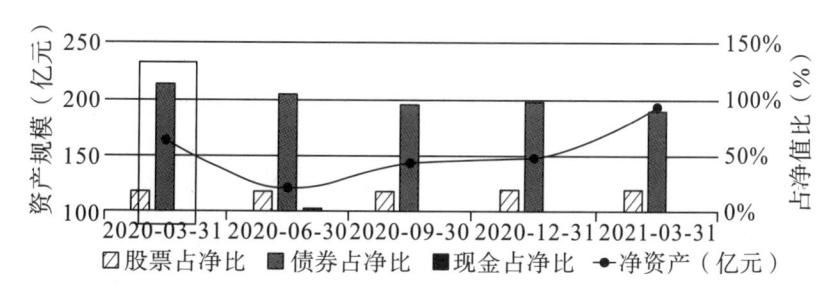

图4.7 某债基的资产配置（数据来源：天天基金网）

细心的读者可能会发现，债券持仓占比竟然在100%之上！其实，这是债基的一个特点，当基金经理认为行情比较好的时候，就会选择把手里的债券抵押出去借钱，然后再拿这笔钱去买别的债券，这样一来，债券持仓就会高于100%，俗称"加杠杆"。

加杠杆有什么好处呢？就是能用相同的本金买入更多的债券。如果债券持续升值，收益就会变高，就能带来更多的回报。反之，杠杆加得越多，风险也越大，一方面加杠杆需要承担利息费用，另一方面如果债券价格不涨反跌，那就会加大损失。目前，相关法规规定，普通公募债券基金的杠杆比例不得超过140%。

杠杆比例越高，风险和收益也越高，大家需要注意。

2.2.4 基金收益率

分析完债券持仓和资产配置之后，我们就要关注基金的收益率。虽说过去的业绩不能代表未来，但是过去优秀的人未来也优秀的概率很高。对于债券基金来说，我们既要考虑它自身的表现，也要考虑在同类基金中的表现。

一般来说，除了货币基金之外，其他类型的基金都会有一个比较基准。对债券基金来说，比较基准通常是中证国债指数，它反映的是国债市场的平均收益率，如果某基金的收益率高于比较基准，说明这个基金属于"尖子生"。另外，我们也可以拿它和同类基金的均值做比较。以图4.8中的基金为例，它的长期走势并不是很突出，只能达到平均水平，也就比较平庸了。

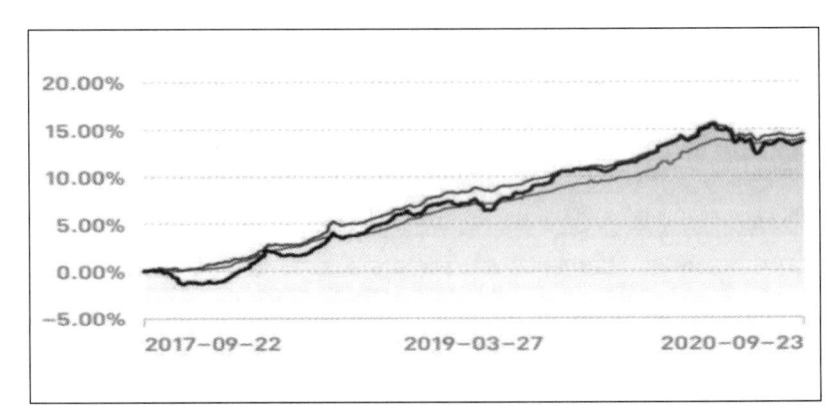

图4.8　某债基的业绩走势（数据来源：支付宝）

我们再来看另外一个例子，图4.9中的这支基金，除了2016年的表现在同类中属于一般，其他年度都是良好或优秀，这就属于非常不错的债基。要记住，我们分析一支基金的收益率，不仅要看短期表现，更要关注长期表现，因为短期表现很可能只是偶然因素，如果长期表现好就是实力。一般是关注3个月、1年、3年、5年的收益率表现来判断某支基金是否值得投资。

	2020年度	2019年度	2018年度	2017年度	2016年度	2015年度	2014年度
阶段涨幅	4.34%	9.79%	7.76%	2.98%	0.79%	10.30%	18.65%
同类平均	4.38%	6.48%	4.56%	2.54%	0.34%	11.16%	20.06%
沪深300	27.21%	36.07%	-25.31%	21.78%	-11.28%	5.58%	51.66%
同类排名	149|2565	26|1956	209|1381	148|1113	278|404	161|326	32|251
四分位排名	优秀	优秀	优秀	优秀	一般	良好	优秀

图4.9　某债基的业绩表现（数据来源：天天基金网）

2.2.5 基金回撤率

另外，债券基金作为防守型资产，低风险是投资者最需要关注的问题，回撤率过高的债基不具备防守型资产的特性，不建议大家选择，建议不要挑选最大回撤超过10%的债基。支付宝和腾讯自选股等App，可以免费查询基金的最大回撤率。

2.2.6 基金经理

最后，我们需要关注的是基金经理的稳定性，如果一支基金频繁更换基金经理，基金表现的波动同样会非常大，因为一支基金的表现很大原因取决于基金经理的素质。我们尽量不选择频繁更换基金经理的基金。

2.3 影响债券表现的几个原因

接下来，我们再讲讲什么时候投资债券胜算更大。

投资债券主要有两部分收入。第一部分是利息收入。一般来说，债券的利率都是固定的，比如一张票面利率为10%的债券，只要债券发行方不违约，债券发行方必须支付10%的利息。第二部分是债券价格上涨带来的收益。债券和股票一样，都可以在二级市场进行交易，所以我们可以通过债券的差价来赚钱，也叫资本利得。

影响债券价格最重要的因素是什么呢？利率。一般来说，市场利率和债券价格是反比的关系，市场利率上升，债券价格下降。举个例子，假如你买了一张票面利率5%的债券，没过多久，央行决定将市场利率上调到7%，那你的债券就不值钱了，因为你买的债券票面利率只有5%，而现在买一张新债券却可以拿到7%的利息回报，所以大家都会把老债券卖掉，去买新债券。这样一来，卖的人多，买的人少，债券的价格自然就会下跌。反之，如果市场利率下降，大家就会去抢购利率高的老债券，债券价格自然就会上涨了。

什么时候买债券基金更合适呢？当央行决定下调利率的时候，也就是采取宽松的货币政策之时。当然，要判断央行的货币政策需要极强的经济学功底和丰富的投资经验，在后面我会教大家一些小技巧。

> **小提示**
>
> 市场利率持续下降的时候买债券基金更划算，利率越低，债券价格越高。

第五章

如何选择权益类基金

本章我们将学习权益类基金，即股票型和混合型基金的投资策略。大部分读者想必对这部分内容比较感兴趣，尽管权益类基金的风险较大，但是历史经验告诉我们，如果能挑选出优秀的基金并且长期坚定地持有，股票型资产的收益通常是最高的。

1 股市是长期回报率最高的资产

著名的投资大师杰里米·J. 西格尔在他的著作《股市长线法宝》中做了一个有趣的统计，他统计了过去200年来，股票、债券、国库券、黄金和美元的表现。从长期看，股票是表现最好的资产，没有之一。

前面我们讲到1801年投资1美元，200年后股票的回报是1270万倍，而债券只有1.82万倍，黄金只有32倍。

很多朋友可能不太相信这个数据，觉得股票市场不可能提供这么高的回报。实际上，如果我们计算每年的平均回报率，这个数据并没有大家想象的那么夸张。如果投资股票，折合到每年的投资回报率只有7%，看似不多，但是只要你能长期坚定地持有，结果往往非常喜人，这就是复利的力量。

但是提及股票，很多朋友的第一反应就是高风险，所以本能上非常抗拒。西格尔同样针对这个问题做了一个统计和分析。从短期看，确实如此，如果你只持有一年，股票可能会为你赚取66.6%，也可能会亏损38.6%，但是如果你能持有20年或30年，股票提供的年化回报的上限和下限都显著高于债券。

所以从长期看，股票反而是风险最低的资产。当然，肯定有很多朋友会说房地产比股市更优质，因为过去的20年都是我国房地产的牛市。尽管西格尔的这部书并没有统计美国房地产市场的表现，但是从公开的历史数据看，美国房地产的长期表现也是不如股票的。对于中国市场来说，过去20年房地产市场的牛市也只是特殊时期的一种现象，实际上，自2021年开始，针对房地产的监管越来越严格，因为房地产关乎民生的发展，不可能任由其无限制地增长下去。

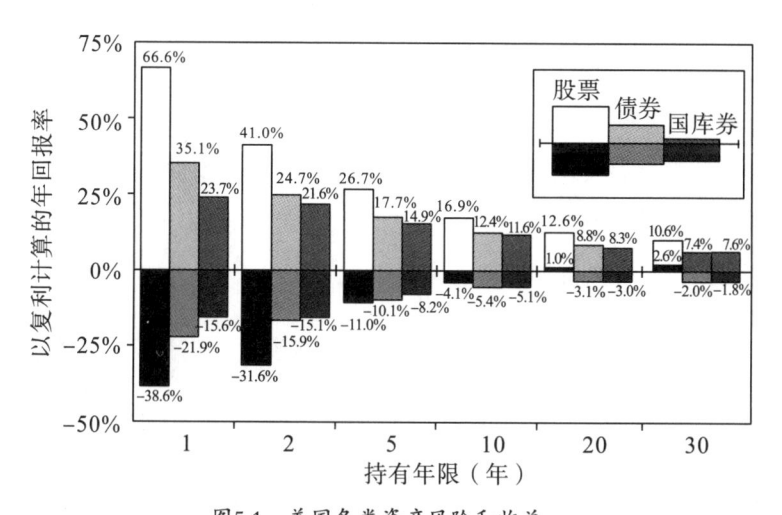

图5.1 美国各类资产风险和收益
（数据来源：《股市长线法宝》，杰里米·J.西格尔著）

2 如何挑选混合基金和股票基金

接下来我们正式学习如何全方位地评估权益类基金，由于权益类基金的核心资产是股票，所以本章的内容涉及很多股票投资的知识。

2.1 资产配置

我们在上一章也讲过资产配置的重要性，但是权益类基金的资产中多了股票这一项。总体来说，股票持仓越大，风险越高。

> **小提示**
>
> 挑选权益类基金要重点关注：
> 资产配置、股票持仓、投资风格、历史业绩、基金公司、基金经理、最大回撤等。

我们以银河创新成长（519674）这支基金为例来重点分析，截至2021年6月30日，它持仓的股票资产占总资产的94.65%，没有配置债券，只留了一小部分现金。另外，我们看到它的历史配置，股票持仓基本都是在90%以上，只有在极少数的情况下才会减仓，比如2018年年初，那是因为遇上了熊市，可即使如此，它在2018年第二季度就又将股票资产提升到90%以上，说明这支基金是典型的进攻型风格，基本不配置防守型资产。这种风格的优点在于为投资者赚取收益的能力非常强，可能在牛市或者结构性牛市中会有不错表现，但是在熊市中，表现可能就会比较惨，所以这种基金的表现往往比较两极分化，适合激进型投资者。见图5.2。

报告期	股票占净比	债券占净比	现金占净比	净资产（亿元）
2021-06-30	94.65%	---	6.59%	147.18
2021-03-31	94.34%	---	6.34%	142.86
2020-12-31	94.99%	0.11%	5.84%	184.86
2020-09-30	94.10%	---	6.78%	170.69
2020-06-30	93.18%	---	7.39%	124.42
2020-03-31	91.28%	---	9.42%	56.31
2019-12-31	93.64%	---	8.06%	19.86
2019-09-30	91.04%	---	8.89%	6.33
2019-06-30	93.66%	---	6.68%	1.75
2019-03-31	93.23%	---	7.33%	2.03
2018-12-31	87.56%	---	12.82%	1.24
2018-09-30	83.94%	---	6.34%	1.45
2018-06-30	90.44%	---	11.89%	1.60
2018-03-31	79.29%	---	21.64%	2.52

图5.2 银河创新成长（519674）的资产配置（数据来源：天天基金网）

我们再看看另外一支基金的资产配置（见图5.3），这支基金就是典型的平衡型风格。它的资产配置是股票和债券的比例基本维持在5∶5。牛市的时候会加大股票的配置，比如在2019年6月将股票仓位提升到58%以上；熊市的时候则会选择减仓。整体上，股债的配置大致上是比较平衡的。这种基金的优势是表现比较均衡，牛市的时候能有一定的涨幅，熊市的时候也比较抗跌，适合稳健型投资者。

投资之前，首先要知道自己的风险承受能力，接着再挑选合适的基金。最怕明明承担不了风险，还要挑一个攻强守弱的基金，形势不好的时候，那就是欲哭无泪。

报告期	股票占净比	债券占净比	现金占净比	净资产（亿元）
2021-06-30	48.16%	40.51%	3.97%	262.26
2021-03-31	49.23%	38.16%	2.81%	266.81
2020-12-31	54.55%	39.78%	3.21%	282.04
2020-09-30	50.37%	40.45%	4.71%	276.68
2020-06-30	48.52%	42.12%	3.89%	217.22
2020-03-31	51.13%	35.56%	2.99%	149.89
2019-12-31	43.45%	40.56%	2.75%	130.44
2019-09-30	46.13%	34.76%	2.98%	71.39
2019-06-30	58.96%	35.47%	2.28%	53.91
2019-03-31	52.43%	41.70%	2.49%	55.62
2018-12-31	40.67%	43.91%	4.15%	48.62
2018-09-30	45.55%	38.45%	2.14%	47.43
2018-06-30	53.83%	32.98%	13.22%	43.13
2018-03-31	51.53%	32.99%	2.45%	36.89

图5.3 某基金的资产配置（数据来源：天天基金网）

2.2 股票持仓

了解完大致的资产配置之后，我们需要进一步确认每一类资产到底有什么产品，也就是具体买了什么股票、买了什么债券。这节我们重点研究股票持仓。

一般而言，公募基金只会披露它持仓的前十支股票，也叫前十大重仓股，尽管如此，我们也可以窥出基金的全貌了。

我们依然以银河创新成长（519674）为例分析，可以看出，这支基金的前十大重仓股基本都集中于科技行业，尤其是半导体行业（见图5.4）。很多朋友会说，自己对这些上市公司并不熟悉，不知道它们到底是干吗的，怎么才能快速判断出基金的重仓行业呢？有这些困扰的朋友不用担心，我给大家推荐两个网站，能快速分析出基金的重仓行业。

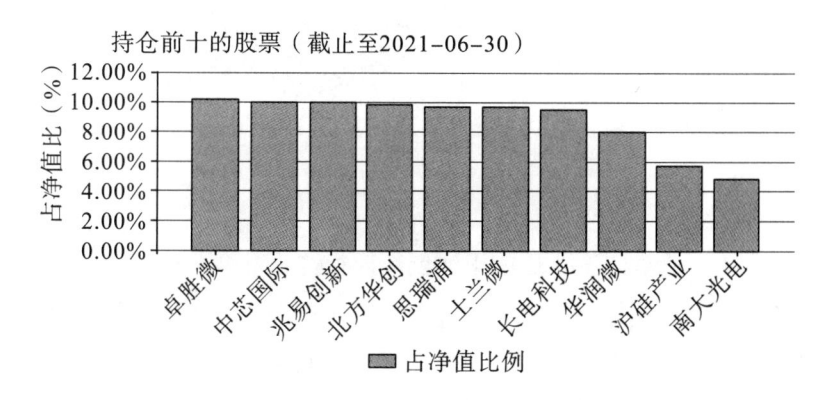

图5.4 银河创新成长（519674）的股票持仓（数据来源：天天基金网）

第一个网站是萝卜投研，这是一个免费网站，从这个网站我们可以看到这支基金重仓了87%的电子行业。这个网站的缺点是只统计大类行业，没有统计细分子行业。比如电子行业不仅包括半导体，还包括其他科技行业。见图5.5。

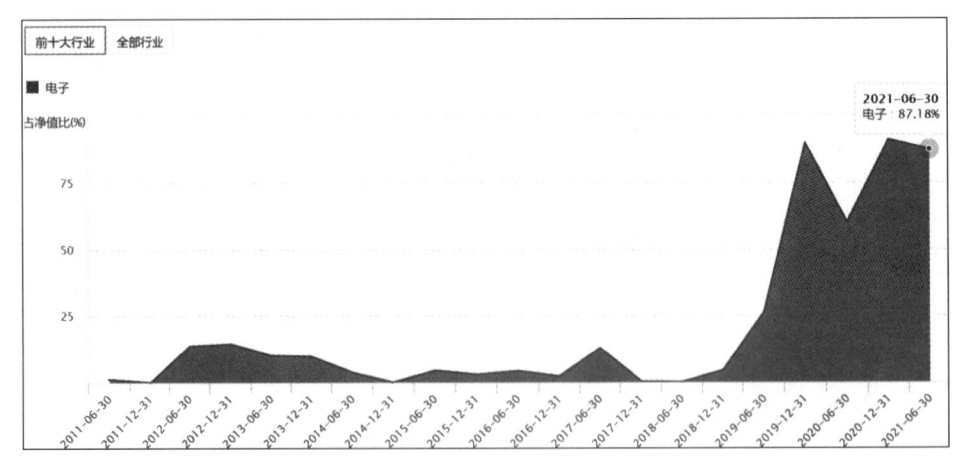

图5.5　银河创新成长（519674）的股票持仓（数据来源：萝卜投研）

第二个网站是乌龟量化，这个网站的行业统计比较细，比如说它就直接告诉我们这支基金100%投资于半导体行业。但是这个网站的缺点是需要付费，一年大概需要200元，大家可以按需选择。见图5.6。

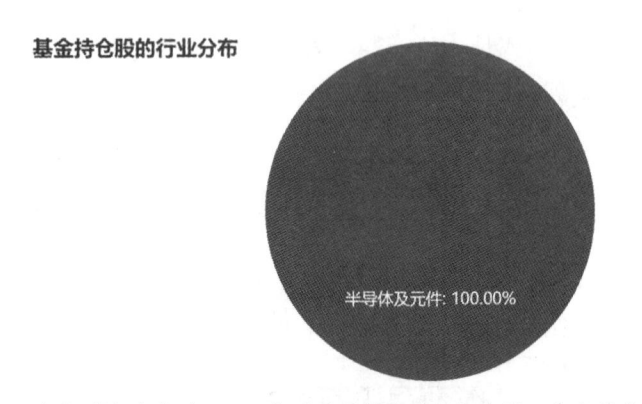

图5.6　银河创新成长（519674）的股票持仓（数据来源：乌龟量化）

股票持仓我们要关注两点。

第一是持仓的行业集中度，比如银河创新成长这只基金，它只投资半导体及元件行业，风险相对来说就比较大。因为一旦半导体及元件行业不景气，或者暂时不被市场资金偏爱，这支基金的表现就会不理想。相反，如果这支基金持有多个行业，比如说地产、消费和医药，风险相对来说就会小一些。因为当地产表现不好时，消费可能会好一些，消费表现不好时，医药表现可能会不错。所以，行业持仓越分散，风险就越小；行业持仓越集中，风险就越大。银河创新成长就属于高风险、高收益的基金。

第二是基金投资的行业本身的风险和收益，比如说银行业，因为是传统行业，所以波动相对较小，属于低风险行业。而半导体算是新兴行业，本身波动就会大一些，我们在下一段会详细阐述各类行业的风险和收益。

2.3 投资风格

先明确两个概念。

第一，根据公司股票规模和市值的大小，可以把股票分为大盘股和小盘股。大盘股多数是经过一段时间的发展，业务比较成熟，有一定行业地位的公司，比如我们熟知的贵州茅台，市值两万多亿元。小盘股相对来说规模较小，公司还处于发展初中期，营收和利润也可能不太稳定，但是潜力比较大，小盘股大多在科创板和创业板上市，当然了，如果小盘股发展得比较好，也会变成大盘股。像创业板有很多千亿市值的公司都是从几十亿的小公司成长起来的。所以二者的区别很明显。一般来说，大盘股比较稳定，风险较小，但是成长潜力比较小；小盘股风险较大，可能会失败，但是成长的潜力可能比较大。对于大盘股和小盘股的界定，市场上有很多说法。以目前的情况，我认为总市值小于200亿可以定义为小盘股，200亿—500亿为中盘股，500亿以上为大盘股。

第二，市场将股票分为价值股和成长股。价值股一般属于传统行业，比如食品饮料、金融地产、传统家电。这种行业发展时间较长，商业模式和盈利增长比较稳定。比如美国的可口可乐公司就属于典型的价值股，碳酸饮料在人类的历史上已经存在100多年，一方面它的发展潜力小，因为基本上所有的市场都被它吃掉了，另一方面，它的增长率比较稳定。因此投资价值股，风险较小，回报不一定高。

成长股一般属于新兴行业，比如说人工智能、自动驾驶和半导体等。这种行业商业模式和盈利能力还不太稳定，应用还不广泛。比如自动驾驶技术，大家都对它有非常高的期待，但是由于技术限制等多方面的原因，还没有普及。但是随着技术壁垒的突破，未来行业的增长速度会非常快。当然，由于新兴行业本身就不太成熟，所以很难判断哪一家公司会笑到最后，可能十家公司中只有一两家可以成功，所以投资成长股的风险明显要大于价值股。

现在的价值股在许多年前都是成长股。图5.7是可口可乐1979年至1990年的股价走势，它曾在1980年至1987年间上涨了近7倍。随着业务的成熟，股价的表现随之上扬。现在的成长型行业，比如人工智能行业、自动驾驶等，以后可能会变成价值型行业。

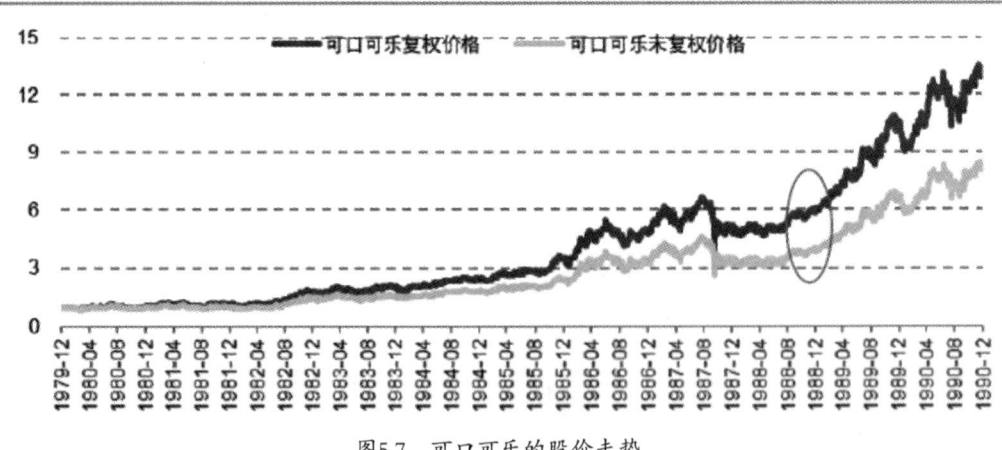

图5.7 可口可乐的股价走势

（数据来源：Wind，信达证券研究开发中心）

既然股票分为大盘股和小盘股，价值股和成长股，那么针对基金持仓的股票进行统计和分析，我们就能判断该基金的投资风格。了解一支基金的投资风格至关重要。

图5.8是著名的"晨星九宫格"，是全球最著名的基金研究和评级机构晨星发明的。晨星将一支股票类型根据市值分为大盘、中盘和小盘，根据风格分为价值、平衡和成长。根据对一支基金持仓股票的分析，就能得出该基金的投资风格。图5.8这支基金的风格是大盘成长型，也就是主要投资大市值的成长型企业，图右方还提供了每一种风格配置的比例，可以看出这支基金是以大盘成长为主，大盘平衡为辅。

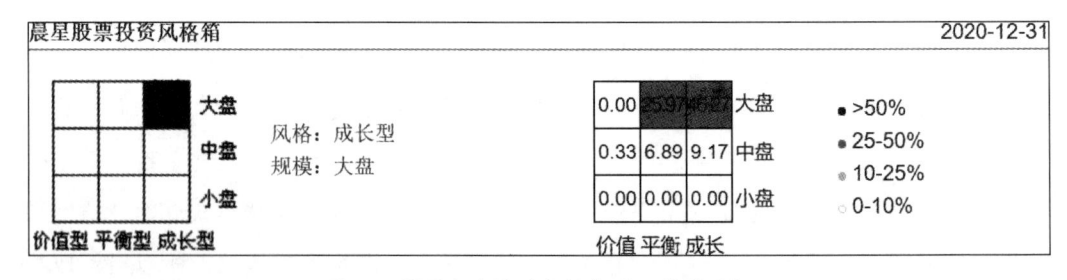

图5.8 晨星九宫格（数据来源：晨星网）

2.4 历史业绩

上一章我们讲了历史业绩的重要性，过去的业绩虽然不能代表未来，但是过去优秀的基金未来继续优秀的概率更大。

对于权益类基金来说，选取一个参照物用于评估业绩会让我们感觉更直观。举个例子，一个同学考试的成绩80分，我们很难说80分是高还是低，但是如果跟平均分做对比或者看年级排名，就比较直观了。对于基金来说也是一样，我们也可以选择一个比较基准当参照物。

我们以汇添富消费行业混合这支基金为例来分析，近5年来它上涨了约276%，同类基金平均只上涨了约113%，所以，我们可以说汇添富消费是基金中的"优等生"。见图5.9。

除了跟同类基金做对比之外，我们还可以和某些指数做对比。目前比较主流的是和沪深300指数做对比，这个指数反映的是整个大盘蓝筹股的平均表现，在下一章中我会给大家详细介绍几种主流的指数。通过选取比较的基准，我们可以直观地判断基金的优劣。除了对比基金长期的表现，我们也可以对比短期的走势，3个月、6个月、1年的走势都可以在天天基金网轻松获取。

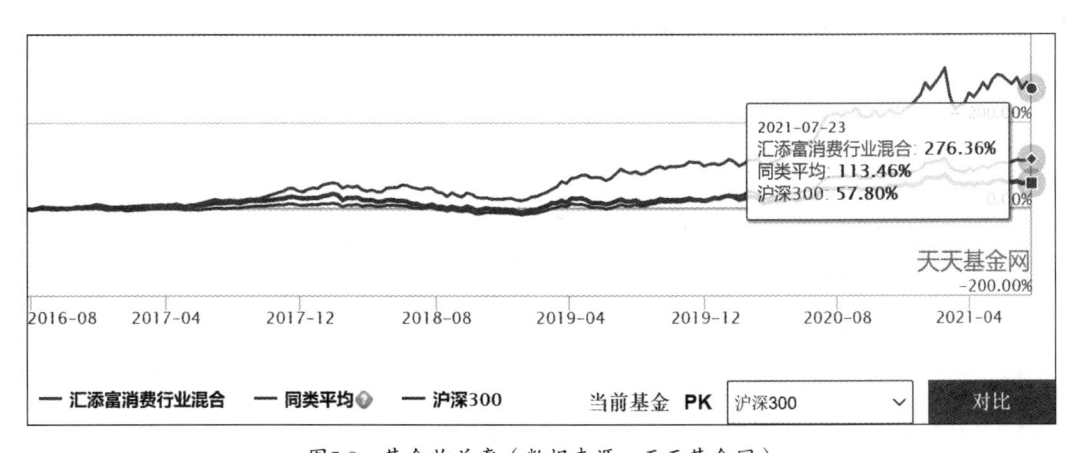

图5.9 基金收益率（数据来源：天天基金网）

上文讲了如何对比参照物确定基金优劣，现在我们介绍如何通过评估基金自身的业绩确定基金的优劣。首先，给大家介绍一个概念——复合年化收益率，即通过复利计算基金每年的平均涨幅。例如，如果一支基金的复合年化收益率是20%，多久可以翻倍呢？如果回答5年，就进入了思维的误区。试想一下，假设初始本金投入1元，第1年会上涨到1.2元，第2年则是在第1年1.2元的基础上再上涨20%，达到1.44元，第3年会达到1.728元，第4年会达到2.07元，4年不到就翻倍了。以中国的公募基金来看，一般来说，长期复合年化收益率在15%以上就是优秀的基金，如果在20%以上就是顶级基金。那么怎么查找基金的年化收益率呢？目前市面上有这个功能的平台并不多，我们可以用EXCEL表格计算，或者使用乌龟量化得到这个数据。如图5.10所示，我们可以直观地看到不同时期的年化收益率，汇添富消费混合这支基金成立以来的年化回报率达到了30%，是一个非常可观的成绩。

净值估算	近5日	近1月	近3月	近6月	今年以来	近1年	近2年	近3年	近5年	年份	自定义	2013-05-03	到	2021-07-23	查看
		收益	波动率:年	最大回撤	最大涨幅	收益回撤比		最长回本月		夏普比率		年化收益			
汇添富消费行业混合		+756.60%	27.27%	-53.26%	+910.84%	14.21		45.55		1.00		+30.08%			
沪深300		+104.15%	22.93%	-46.70%	+178.28%	2.23		-		0.28		+9.13%			

图5.10 基金年化收益率（数据来源：乌龟量化）

需要注意的是，不论是用参照物评估基金的业绩，还是计算年化回报率，我们不仅要看短期的回报，还要看中长期的回报。一般来说，我们要更注重中长期的回报，因为短期业绩的波动会被很多其他因素影响，比如运气、市场风格等，并不能合理地反映基金经理的水准。

2.5 基金公司

基金公司同样也很重要，实力强的基金公司，对投资的研究也比较深，对优秀人才的吸引力也较强。这里列举排名前十的基金公司。

图5.11是天天基金网评选出的前十大基金公司，评选的指标包括管理的资产规模、基金经理数量、发行的基金数等等。其实每一家基金公司都有自己擅长的领域，也有很多小而美的基金公司，比如富国基金擅长量化投资，华夏擅长指数投资，交银施罗德擅长科技领域，兴全擅长价值投资。随着投资经验的丰富，我们对不同基金公司的特性也会越来越了解。因此，并不是排名不在前十的基金公司就没有投资价值，事实上，也有很多排名不靠前但业绩做得非常不错的基金公司，重点还是落在产品本身，只不过选择头部的基金公司大体上没有错。

序号	基金公司	相关链接	成立时间	天相评级	全部管理规模(亿元)	全部基金数	全部经理数*
1	易方达基金管理有限公司	详情 公司吧	2001-04-17	★★★★★	15,364.20 07-23	415	61
2	天弘基金管理有限公司	详情 公司吧	2004-11-08	★★★☆☆	10,575.19 07-21	206	34
3	广发基金管理有限公司	详情 公司吧	2003-08-05	★★★★★	10,537.04 07-22	461	68
4	南方基金管理股份有限公司	详情 公司吧	1998-03-06	★★★★☆	9,881.74 07-21	422	66
5	汇添富基金管理股份有限公司	详情 公司吧	2005-02-03	★★★★★	9,585.39 07-21	327	50
6	华夏基金管理有限公司	详情 公司吧	1998-04-09	★★★★☆	9,395.88 07-22	411	68
7	博时基金管理有限公司	详情 公司吧	1998-07-13	★★★★☆	8,986.52 07-22	446	70
8	富国基金管理有限公司	详情 公司吧	1999-04-13	★★★★★	8,022.72 07-16	326	66
9	嘉实基金管理有限公司	详情 公司吧	1999-03-25	★★★★★	8,015.65 07-23	323	68
10	工银瑞信基金管理有限公司	详情 公司吧	2005-06-21	★★★★★	7,206.28 07-23	309	53

图5.11　基金公司排名（数据来源：天天基金网）

2.6 基金经理

基金经理是基金的核心人物，投资的一系列策略都是以基金经理为主导展开的，基金经理的能力很大程度上决定基金未来的走势，所以选择基金经理，也是非常重要的一步。我们主要关注两方面的情况，第一是基金经理各方面的素质，比如从业年限、管理的资产规模、任期的业绩，这些都是要关注的指标。这些数据都可以从天天基金网获取。一般来说，从业时间越长，管理规模越大，任期业绩越突出，说明这名基金经理越优秀。另外，天天基金网还会在经验值、择时能力、稳定性、抗风险和收益率五个方面给基金经理评分，大家也可以参考。第二是基金的经理够不够稳定，如果一支基金频繁更换基金经理，那么这支基金的业绩可能非常不稳定，因为每个基金经理的风格都不一样。要尽量选择基金经理较稳定，不频繁更换的基金。

2.7 最大回撤

"股神"巴菲特有句名言，第一，保住本金，第二，保住本金，第三，记住第一条和第二条。本金是我们投资的种子，没有种子就无法生根发芽、开花结果。所以相对于收益，我们必须控制风险。

什么指标比较适合评估基金的风险呢？我比较喜欢参考最大回撤率。意思就是在一段时间内，如果在最高点买入一支基金，最多会亏多少钱。最大回撤越大，基金的风险就越高。

以图5.12基金为例，我们可以看到1年内该基金的最大回撤为29.91%，也就是说，在1年之内，投资这支基金面临的最大亏损可能会达到30%。例如，投资100万，可能会只剩70万，这对于大部分人是无法承受的。所以大家要根据自己的风险承受能力选择相应的基金，切勿选择最大回撤高于自己心理承受能力的基金，有不少投资者由于承受不了风险，往往在最低点选择割肉，就非常可惜。研究显示，30%的亏损线是一个门槛，超过30%，绝大多数的投资者都会因为心理崩溃而做出错误的决定。

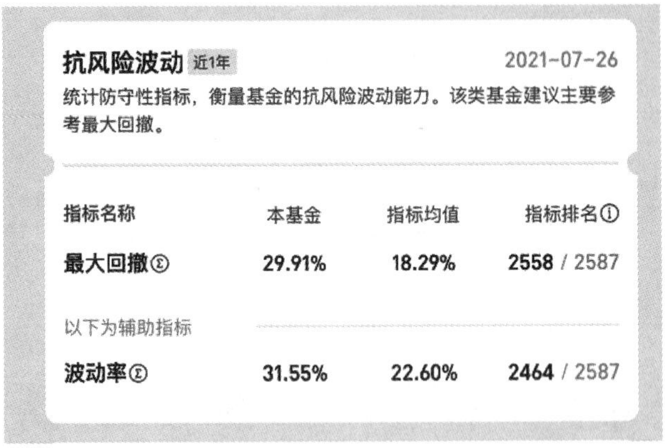

图5.12 风险指标（数据来源：支付宝）

2.8 高阶指标

熟练掌握上文所讲的指标已经足以挑选出优秀的基金，但是还有一些高阶的指标，比如标准差（Standard Deviation）、阿尔法（α）、夏普比率（Sharp Ratio）、贝塔（β），它们可以让我们对基金有更深层次的认识。另外，这些指标在传统的金融学中也有非常重大的意义，在股票投资、债券投资以及金融衍生品投资中都有非常重要的地位。接下来我们就逐一分析这些高阶指标，感兴趣的朋友们可以继续学习。

（1）标准差（Standard Deviation）

先讲第一个问题，标准差及其意义。

标准差用于衡量数据偏离均值的程度，通常用希腊字母"σ"表示。数据与均值的偏离程度越大，标准差也就越大。

我们用一组数据为例来分析。1、3、5、7、9构成了一组数据，首先我们计算出这组数据的均值为5，然后计算标准。由于标准差衡量的是每个数据与均值的偏离程度，所以，计算结果为：$(1-5)^2+(3-5)^2+(5-5)^2+(7-5)^2+(9-5)^2/5=8$。注意，这个计算结果是数据的方差，因此，方差再开一个根号才是标准差。最后的结果为2.83。

下面公式是标准差的计算公式，读者不必掌握具体的公式，只需要知道标准差的含义即可。标准差有什么作用呢？现代金融学中，标准差被用来形容风险，标准差越大说明数据越不稳定，风险越高。风险是什么意思呢？很多人认为，风险就是亏钱。其实并不是。风险在于波动率，不管是向上波动还是向下波动都属于风险。例如，一支股票的平均年化收益率大概是5%，但是近几年它的收益率都在20%以上，那么这支股票的风险也很高，只不过这是属于向上波动的风险。所以，我们可以得出标准差与风险评判的相关结论：标准差越大，风险越高。那么如何查看标准差呢？支付宝有一项功能可以较容易进行查询，图5.13中的波动率就是标准差。标准差的计算公式：

$$\sigma = \sqrt{\frac{\sum_{i=1}^{n}(x_i - \bar{x})^2}{n}}$$

接着我们再讲第二个问题，最大回撤和标准差都属于风险指标。二者有什么区别呢？简单理解，最大回撤衡量的是极端风险，也就是最大亏损是多少钱。而标准差/波动率是衡量一段时间内的平均风险。这两个指标都很重要，但是对于普通投资者来说，只使用最大回撤已经足够了。

（2）阿尔法（α）

我们再来讲讲收益。一般来说，我们用α衡量超额收益。例如，一支主要投资于大盘蓝筹股的主动管理基金取得了20%的回报，当这支基金以沪深300指数作比较基准时，假如沪深300取得了5%的收益，那么，这支基金的α就等于15%（20%-5%）。也就是说，基金经理取得了比平均水准高出15%的回报。所以，α越高，基金的超额收益越多，基金经理的能力也越强。

从哪些渠道可以查询基金的α收益呢？

第一种是自己计算，我们可以通过天天基金网等工具查询基金和比较基准的业绩，直接相减就可以得到α，优点是比较灵活，各个时间段都能计算，缺点则是手工计算比较麻烦。

第二种是通过晨星网得到这些数据。以图5.13为例，该基金相较于比较基准取得了27%的超额回报，相较于同类平均的α则是7.5%。查询晨星网的优势是比较直观，不用计算，缺点则是只能看到基金成立以来的α，无法选取特定的时间段。

风险统计		2021-06-30
	相对于基准指数	相对于同类平均
阿尔法系数（%）	27.07	7.50
贝塔系数	1.12	1.33
R平方	35.20	52.68

图5.13 阿尔法指标（数据来源：晨星网）

（3）夏普比率（Sharp Ratio）

标准差和阿尔法（α）两个指标分别对应风险和收益，这两个指标都很有效，将风险和收益结合起来构成的指标就是夏普比率。夏普比率是著名的经济学家威廉·夏普发明的，他的资本资产定价模型为现代金融学奠定了基础，他因此获得了1990年的诺贝尔经济学奖。夏普比率计算公式：

$$SharpeRatio = \frac{E(R_P) - R_f}{\sigma_P}$$

其中E（Rp）是投资组合的收益率或期望收益率，R_f是无风险收益率，σ则是投资组合的标准差。假如，一个基金的预期收益率是20%，在中国市场，无风险收益率我们常常以中国国债的收益率来替代，因为国债是不可能违约的，在这个例子中，假定无风险收益率为4%，基金的标准差为8%，根据上述的公式，计算结果为：（20%-4%）/8%=2。夏普比率为2是什么含义呢？我们首先拆解分子部分，它显示的是基金的收益率和无风险收益率（国债收益率）的差值。这个数值越大，说明基金的表现越好。通常，我们对分子的最低要求是大于0。因为对于任何一种投资品，我们要求的回报率必须高于国债的收益率，如果预期收益率反而低于国债的收益率，我们还不如买国债，而且不用承担任何风险。这种投资品也就没有任何意义了。分母是投资组合的标准差，也就是组合的风险。因为这个公式的含义就是某单位风险对应的超额收益是多少。夏普比率等于1，则意味着基金的收益和风险是相等的。夏普比率越高，表明承担相同的风险时可以获得更多的收益。通常来说，夏普比率越高越好。

图5.14中的基金，3年期和5年期的夏普比率都高于1，相对来说不错，但是10年期的夏普比率只有0.8，这个基金的表现就较差。也就是说，该基金中期的收益高于风险，长期的收益略低于风险。

风险评估					2021-06-30	
	三年	三年评价	五年	五年评价	十年	十年评价
平均回报（%）	-	-	4.42	-	3.67	-
标准差（%）	26.45	-	23.10	-	22.50	-
晨星风险系数	14.43	-	12.13	-	13.65	-
夏普比率	1.09	-	1.26	-	0.80	-

图5.14 夏普比率（数据来源：晨星网）

（4）贝塔（β）

最后我们讲β。这也是一种衡量风险的指标，通常在给资产定价的时候使用。这个标准衡量的是资产收益相较于比较基准收益的波动性。假设，当沪深300上涨10%时，某基金上涨20%；当沪深300下跌10%时，该基金下跌20%，β就为2。β越高，说明资产的风险越高。这样的理论也可以应用于股票市场。例如：以科技为主的成长型行业，β值通常较高；以消费和金融为主的传统型行业，β值相对较小。

以上是我们挑选权益类基金需要关注的重点指标。除此之外，我们还要关注基金的成立时间。建议大家选择成立时间5年以上的，因为5年对于A股大概是一个牛熊周期，好的基金既要在牛市收益高，也要在熊市亏损少。当然，并不是说新基金就一定不好，也有很多新基金表现不错，但是我个人还是喜欢做确定性更大的事。

第六章

神奇的指数基金

大家听说过"巴菲特赌局"吗？2008年的时候，"股神"巴菲特与著名的对冲基金Protege Partners立下了为期十年的赌约，巴菲特只投资标准普尔500指数基金，10年后比一比是指数基金的表现好还是对冲基金的表现好。对冲基金是一种极其复杂的金融产品，基金中不仅包含股票、债券这种传统投资品，还包括大量的金融衍生品。按理说，结构如此复杂的对冲基金应该会给投资者带来更高的回报，但是结果并非如此，这十年间，标普500共取得125.8%的收益，平均年化回报为8.5%，而对冲基金只在第一年跑赢了标普500指数基金，往后九年的收益都远远落后于指数基金。由此可见，并不是越复杂的产品就越成功，指数基金虽然结构简单，但表现却非常稳定。"股神"巴菲特也不止一次在公开场合推荐指数基金，他认为指数基金是最适合普通投资者的工具。

这一章我们好好学一学指数基金。

1 什么是指数

什么是指数呢？（本书所说的指数为股票价格指数）所谓股票价格指数，就是根据某种规则挑选出一篮子股票，并反映股票市场总体价格水平及其变动趋势。比如大家熟知的沪深300指数，它包含300只股票，总市值占A股的比例超过6成，所以通过沪深300指数，我们能较好地观察股票市场的整体情况。

> **小提示**
>
> "股神"巴菲特说："通过定投指数基金，一个什么都不懂的业余投资者往往能够战胜大部分专业投资者。"

1.1 指数编制公司

那么指数是谁编制的呢？一般来说，比较常见的指数编制机构主要是证券交易所和指数公司。中国内地最受普通投资者关注的有两大证券交易所，分别是上海证券交易所和深圳证券交易所。上交所主要针对在上海证券交易所上市的公司编制指数，比如说我们最熟知的上证指数，还有上证50指数、红利指数等著名的指数。同理，深交所主要针对在深圳证券交易所上市的公司开发指数，比如深证成指、创业板指等。另外，国证系列指数也是深交所下属的深圳证券信息有限公司研发的。最后，深交所和上交所共同出资设立了中证指数有限公司，所以该公司编制的指数通常包括两个交易所的股票，因此应用也更全面，中证指数公司开发代表性指数有：沪深300指数、中证500指数、中证1000指数。此外，我国香港地区的恒生指数公司编制了在香港证券交易所上市的股票指数，比如恒生指数。国外也有一些著名的指数编制公司，比如MSCI明晟指数公司、标准普尔公司等。

1.2 指数的编制方式

一个指数通常包含多只股票，如何确定每只股票占指数的权重呢？是按股票的价格决定，还是按股票的市值决定？不同的加权方式对指数有非常显著的影响，接下来我们就聊聊几种典型的加权方式。

（1）价格加权指数

这种方式比较古老，它是根据股价来计算权重的。在这种编制方式中，高价股对指数的影响较大。最近成立的指数已经很少使用这种方式了，只有一些较老的指数还在使用价格加权，比如建立了100多年的道琼斯指数。

（2）平均加权指数

顾名思义，这种方式就是给指数中的每只股票分配相同的权重。由于股价是每天波动的，所以使用平均加权指数必须频繁地调整每只股票的持股比例，所以编制成本比较高，目前在股票市场较少使用这种方式。

（3）市值加权指数

这种方式是以股票的总市值来分配权重，市值越高，权重越高，市值越小，权重越低。所以在这种加权方式中，大盘股对指数的影响更大。如上证指数就是采用的市值加权。

（4）自由流通市值加权指数

股票分为限售股和流通股，流通股是可以自由在市场上交易的，而限售股则是在一定时间内不能自由交易的股票，所以限售股对股价基本没有影响。举个例子，一只股票的市值为1000亿，但是只有100亿为流通股，如果不区分流通市值，只用少量的资金就可以对指数造成影响。自由流通市值加权就是以流通市值来分配权重，它是目前最主流的指数编制方式，如沪深300、上证50采用的就是这种加权方式。

1.3 一些主流的指数

接下来我们来认识几种主流的指数。

（1）上证指数

上证指数一般指上海证券综合指数，上证指数是我国最早发布的指数，也是我国最著名的指数了，股民们平时讲的大盘一般指的就是上证指数。

（2）上证50指数

上证50指数是从上交所上市交易的股票中挑选出规模较大、流动性（自由流通市值）较好的50只股票组成的指数，因此它反映的是大盘股的业绩表现。

（3）沪深300指数

沪深300指数是从上交所和深交所两地挑选出市场代表性好、流动性高、交易活跃（自由市值加权）的300只股票组成的指数，所以它同样反映的是大盘股的表现。优点是沪深300指数包含沪深两地上市的股票，因此指数整体的行业配置更均衡一些。

图6.1是沪深300的行业配置，可以看出它的配比比较全面，沪深300指数的市值规模占整体股市的60%以上，很多投资大盘蓝筹股的基金都会以沪深300为业绩比较基准。

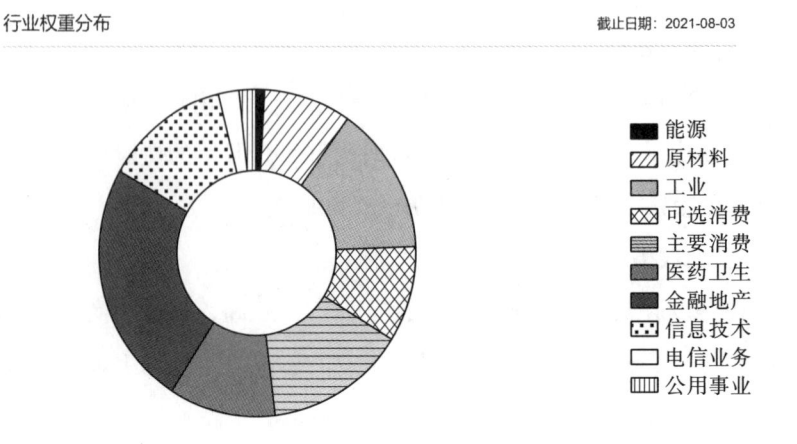

行业权重分布　　　　　　　　　　　　　　　截止日期：2021-08-03

图6.1　沪深300指数的行业权重（数据来源：中证指数公司官网）

（4）创业板指数

创业板隶属于深交所，创业板指数是由创业板中规模较大、流动性较好的100只股票组成的指数。设置创业板的初衷是为中小企业提供更多的融资渠道。

（5）科创50指数

科创50指数是由科创板中市值较大、流动性较好的50只股票组成的指数。相较于创业板，科创板的"科技含量"更加纯粹一些。一般来说，只有新一代信息技术、高端装备、新材料、新能源、生物科技等行业才能在科创板上市。

（6）中证500指数

中证500指数是指将沪深300中的公司剔除，然后将最近一年日均总市值前300名的股票也排除掉，再挑选出总市值排名靠前的500只股票组成的指数。沪深300反映的是大盘股的表现，将沪深300剔除，反映的就是中盘股的表现。

（7）恒生指数

恒生指数反映的是港交所中大盘股的表现。恒生指数和上证50指数比较相似，成分股中大多以金融地产等传统行业为主。另外需要注意的是，港股虽然设立得比较早，各方面也比A股要成熟，但是由于不设涨跌停、不限制做空等规定，致使港股的波动性更大一些。

（8）标普500指数

标普500指数是由500家在美国上市的公司的股票组成的指数。标普500指数和我们的沪深300指数比较相似。

（9）纳斯达克100指数

纳斯达克100指数和我们的科创板比较像，上市的企业都是以科技公司为主，比如苹果、微软、亚马逊、Facebook。

1.4 窄基指数

上文中我们所讲的指数，无论是中国的沪深300、中证500，还是美国的标普500、纳斯达克，都是宽基指数。所谓的宽基指数，就是指数中包含多个行业。比如沪深300，其中包含了金融、地产、消费、医疗、科技等多种行业。宽基指数的优点在于行业布局比较均衡，所以波动相对比较小。这个道理很简单，金融股下跌的时候，消费股可能在上涨，消费股下跌时，医药股可能表现不错。宽基指数遵循的就是"不把鸡蛋放在同一个篮子里"这个投资理论。除此之外，市场上还有很多窄基指数，也就是只投资特定行业的指数，我们一起来看一看。

（1）中证白酒指数

这个指数可以说是最著名的窄基指数之一。顾名思义，这个指数追踪的是白酒行业，而白酒行业可谓是过去十年来A股表现最好的行业之一了，其中的龙头股贵州茅台、五粮液等都给投资者带来了不菲的回报。

图6.2是过去五年白酒指数的走势图，近五年的回报率达到了400%！这个成绩就算是顶级的基金经理也很难达到。当然了，白酒行业经过多年的发展，业绩增速已经相对平稳了，所以未来很难获得这么高额的回报了。

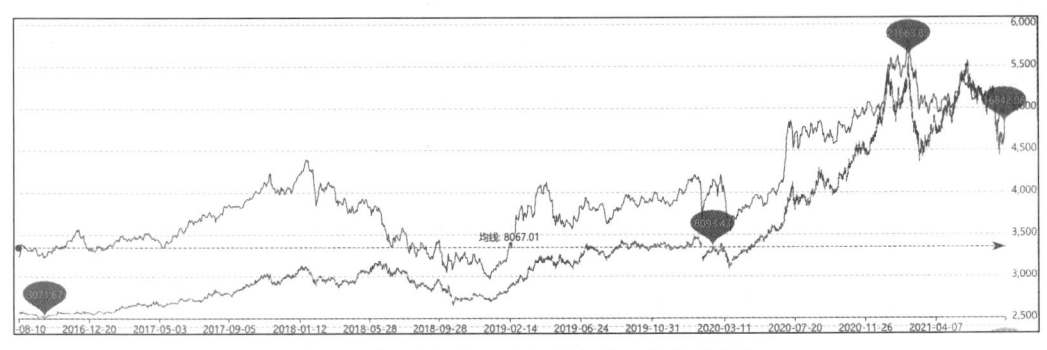

图6.2 中证白酒指数（数据来源：乌龟量化）

（2）中证医药指数

顾名思义，中证医药卫生指数的成分股主要由医药股组成，指数中涵盖了生物医药、创新药、CRO（医药研发外包机构）、仿制药、医疗器械、中药等多个细分领域。为什么我们要单独聊医药指数呢？因为医疗是人类的必需品，大家想一想，我们可以省着点吃，省着点用，但是生病了总是要治的吧？所以医疗的需求刚性非常强。纵观人类的历史，仍然有很多疾病我们暂时无法攻克，所以一款跨时代的药物在某种意义上甚至改变了人类历史的进程，比如说青霉素，因为它的诞生，挽救了上千万人的生命。因此医药股的长期回报在所有行业中往往都是名列前茅的。以美股为例，诞生了雅培、辉瑞、默克制药这些优秀的医药公司，给投资者带来了上千倍的回报。

（3）中证新能源汽车指数

中证新能源汽车指数是从沪深两市中选取了和新能源汽车概念相关的股票，包括锂电池、电池材料、整车制造商、充电桩等板块。

中证新能源汽车指数尽管才成立了四年，但是却给投资者带来了2.5倍的回报，年化回报率高达37%。为什么涨得这么高呢？因为新能源汽车的产业趋势非常强，目前全球各国都制定了燃油车禁售计划，所以未来新能源汽车成为主流是板上钉钉的事，

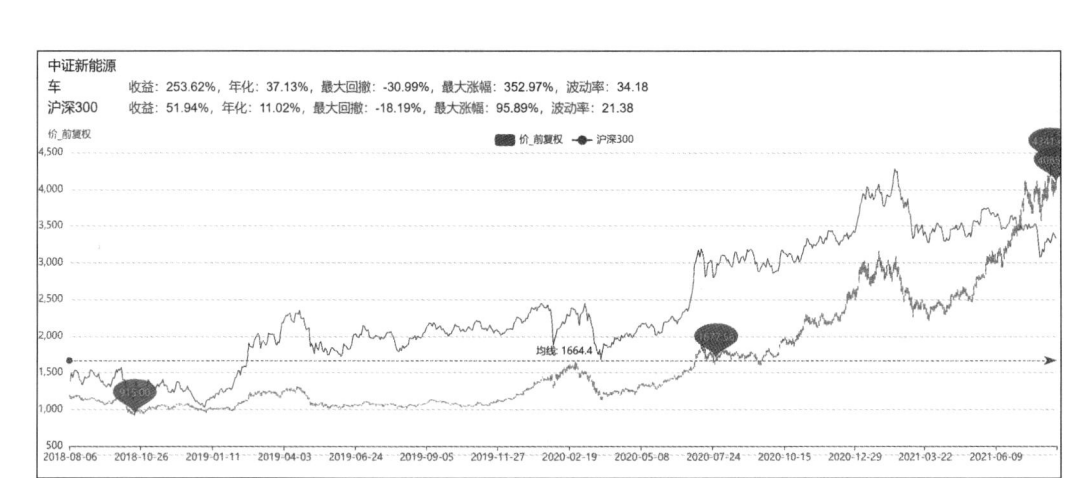

这也是它被市场看好的根本原因。见图6.3。

图6.3 中证新能源汽车指数（数据来源：乌龟量化）

（4）中华半导体芯片指数

中华半导体芯片指数也是由中证指数公司开发的，追踪的是沪深两市半导体芯片上市公司的整体表现。近三年的平均年化回报达到了57%。

在这里我只给大家列举了几个较著名的窄基指数，也仅仅包含几个特定的行业。事实上整个市场上的窄基指数非常之多，比如说金融、地产、消费、军工、有色金属等。总之，大家只要记住窄基指数只追踪一个特定的行业，它的风险和收益都要显著高于宽基指数。

2 什么是指数基金

我们知道，指数包括一篮子股票。比如说沪深300指数，它就包括300只股票。那什么是指数基金呢？基金公司就开发出了一种基金产品，这种基金会追踪特定的指数，而且持有的成分股和指数也一模一样，这样就能复制指数的走势，这就是指数基金。如果我们买入这种指数基金，基本就能获得和指数相同的收益。

可是我们为什么要买指数基金呢？直接买股票不好吗？

2.1 指数基金对投资的意义

指数基金对普通投资者的核心意义在于风险较低。试想一下，如果自己去买股票，在专业能力不过硬的情况下胜算很低。也就是说，很难选中优秀的股票。如果运气不好，选中了"垃圾股"，就会遭受大幅损失。而指数基金包含几十甚至数百只股票，即使有几只股票大幅下跌，对指数的影响也比较有限。

2.2 指数基金的优势

除了风险较低外，指数基金还有其他优势吗？

第一大优势，指数走势长期向上，尽管指数在短期波动很大，但是如果我们把时间拉长，比如20年、30年，世界上绝大多数国家的指数都是长期向上的。

图6.4是美国纳斯达克指数20年的走势，该指数从1000多点上涨到了15000点，涨了近10倍。指数的走势为什么会长期向上呢？对于一个正常的经济体来说，经济是持续增长的，那么上市公司获得的利润也是稳定增长的，所以股价长期的走势也是向上的。

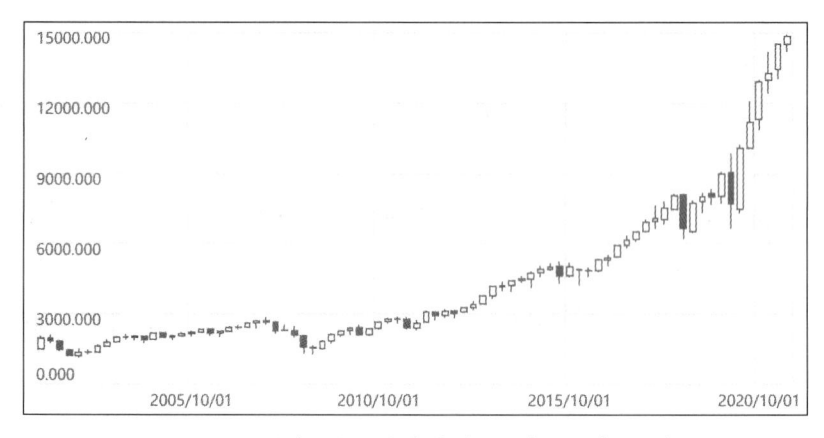

图6.4 纳斯达克指数长期走势（数据来源：富途网）

很多朋友会说，中国经济增速比美国更快，可为什么中国股市没能长期走牛呢？如果从上证指数来看，确实是这样。

图6.5是上证指数的20年走势图，上证指数在2000年元旦后开市的时候大概是1300多点，2021年底在3600点左右，20年的时间上涨还不到3倍，但是期间的波动明显要比美股要大，而且长期回报率也不高。这是因为上证指数的编制有一些问题，所以并不能反映股票市场状况。如果我们换成沪深300指数或上证50指数，情况就明显不一样了。

图6.6是沪深300指数的长期走势，尽管波动也很大，但是长期表现要显著优于上证指数。该指数从2005年的1000点左右上涨到2021年的6000点左右，涨了差不多6倍。为什么会出现这样的差异呢？因为沪深300中的成分股是定时调整的，这样能够保证指数

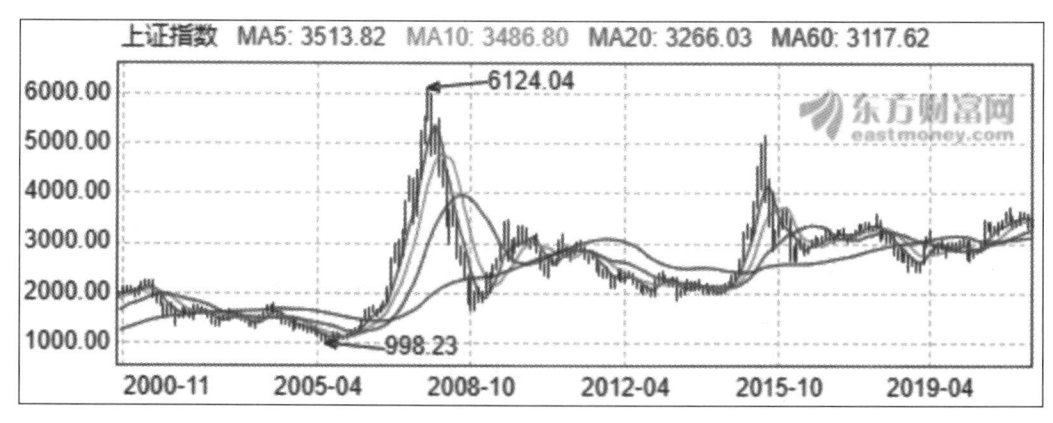

图6.5 上证指数长期走势（数据来源：东方财富网）

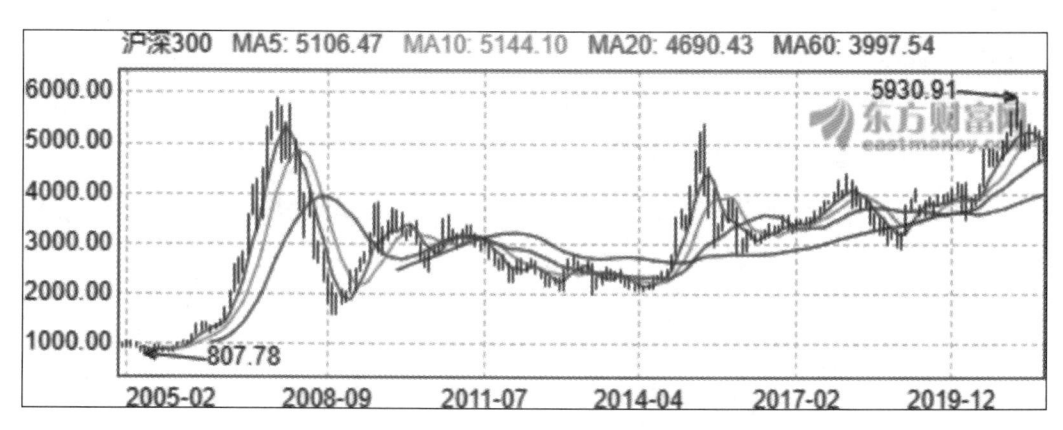

图6.6 沪深300指数长期走势（数据来源：东方财富网）

的活力。举个例子，假如某只股票在被纳入沪深300指数后表现不佳，指数就会将它剔除出去，同时再将另一只股票纳入进来，这样就能保证指数中的股票都是优质的，所以长期表现自然就比较好。

另外，由于我国的资本市场成立时间较短，还不太成熟，所以经常出现暴涨暴跌的情况，指数的稳定性较差，但是随着各种制度的完善，相信我们的股市会越来越好。

第二大优势，指数基金排除人为干扰。我们都知道，投基金就是投基金经理，基金经理的水准越高，基金赚钱的概率也越大。但是问题在于大多数基金经理的水平是很难量化的，尽管我们可以通过各种指标大致判断某一支基金的优劣和基金经理的水平，但是市场永远是变幻莫测的，能力再强的基金经理也不可能保证在每年都能取得高昂的回报。如果我们观察所有基金经理的业绩，常常会发现大部分基金经理的业绩波动也很大，这就给我们的投资带来很大的不确定性。投资指数基金则没有这方面的困扰，基金经理没有主动操作的权限，只能被动买入指数当中的成分股，所以投资指数基金基本排除了人为的干扰。

2.3 指数基金的投资要点

接下来聊聊选择指数基金的一些要点。有一些选择标准是和前几章所述一致的，比如说要选择大型的基金公司、投资经验丰富的基金经理、管理规模不能太小等。除此之外，我们还要关注两点。

第一，追踪误差。指数基金虽说是完全追踪指数，但是往往难以完全复制指数的表现，难免会有一些误差。为什么呢？一方面指数基金在交易的时候会有交易佣金、印花税等交易费用，这会侵蚀基金的表现。另一方面开放式基金都会面临大量的申购与赎回，这也会造成基金的表现与指数的表现发生偏离。追踪误差反映的就是指数基金的表现与指数表现的偏离度，偏离度越低，说明指数基金的追踪效果越好，所以我们也要尽量选择追踪误差较小的基金。

图6.7是某沪深300指数基金的追踪误差，为0.13%，而同类平均追踪误差为0.17%，说明这支基金的表现要好于平均水平。

指数基金指标

跟踪指数	跟踪误差	同类平均跟踪误差
沪深300指数	0.13%	0.17%

截止至：2021-08-09

跟踪误差：是跟踪偏离度的标准差，是根据历史的收益率差值数据来描述基金与标的指数之间的密切程度，同时揭示基金收益率围绕标的指数收益率的波动特征。一般来说，跟踪误差越小，基金经理的管理能力越强。

图6.7 某指数基金的追踪误差（数据来源：天天基金网）

第二，费率。指数基金的表现与基金经理的关系不紧密，也就是说，追踪同一个指数的几支基金，回报率不会相差太多。在这种情况之下，我们就要更加关注基金的费率了。我们要尽量去选择管理费和托管费较低的指数基金，如果我们长期持有，省下的这部分费用也是非常可观的。

2.4 指数增强型基金

指数基金完全复制指数的表现，是一种被动投资的思想。主动管理型基金则根据基金经理的偏好选股投资，是一种主动投资的思想。在这两种投资策略之中，还有一种特殊的指数基金——指数增强型基金，这种基金的投资思想介于上述两者之间。指数增强型基金也会追踪特定的指数，不同点在于增强型基金会加入一部分主动管理的元素。举个例子，假如沪深300指数基金中有一只股票在指数中的权重为5%，对于普通指数型基金来说，它就只能给这只股票配置5%的资金。但是指数增强型基金不一样，如果基金经理认为这只股票非常优秀，那么就可以给它分配更高的权重，比如8%、10%。所以总结下来，指数增强型基金的目的就是获取高于指数业绩的超额收益。当然，有一些增强基金的收益反而还不如指数，表明增强策略失效了。所以针对指数增强基金，我们要重点关注它相对于追踪指数的超额收益。

图6.8是某指数增强型基金的业绩表现，我们可以发现它的表现要显著高于追踪指数，近3年指数只取得了31%的回报，而基金的收益为70%，是指数的2倍多。那么如何分辨指数基金和指数增强型基金？一般来说，增强型基金的基金名称中都会有"增强"或"加强"等字眼，我们也可以通过基金档案去查看基金的投资目标，如果有"超越指数"等字眼，基本就可以确定这是一支指数增强型基金。

阶段涨幅	近1周	近1月	近3月	近6月	今年来	近1年	近2年	近3年
阶段涨幅	1.53%	-4.33%	-7.16%	-22.14%	-12.93%	4.12%	38.63%	69.97%
同类平均	0.97%	0.72%	7.31%	0.43%	6.16%	12.34%	59.37%	64.95%
沪深300	2.20%	-0.52%	1.02%	-13.16%	-3.23%	6.74%	38.79%	48.11%
跟踪标的	2.01%	-2.17%	-3.27%	-18.37%	-9.67%	0.09%	18.63%	31.38%
同类排名	374|1471	1293|1439	1230|1333	1236|1247	1161|1197	829|1124	578|818	246|614
四分位排名	良好	不佳	不佳	不佳	不佳	一般	一般	良好

图6.8 某指数增强型基金的收益（数据来源：天天基金网）

2.5 宽基指数还是窄基指数

本章第一部分给大家阐述过宽基指数和窄基指数的概念和区别。那么两者中谁更适合我们呢？对于宽基指数来讲，只要整体的经济形势是良好发展的，那么宽基指数长期来看肯定也会维持上涨趋势。所以对于普通投资者来讲，只要你能耐得住性子并且长期持有，那么你不需要具备太多的专业知识就能获得一定的回报，这也是巴菲特一直向普通投资者推荐指数基金的原因，这里的指数基金就是宽基指数基金。窄基指数则不同，它的表现绝大部分取决于对应行业的表现，跟经济增长的相关性则弱一些。我们举个例子，中证煤炭指数从2015年到2021年只取得了34%的回报率，平均年化回报率只有4.78%。而中证新能源汽车指数在4年内就上涨了250%，根本原因就在于新能源汽车的前景很好，企业未来的盈利能力很强，而煤炭行业的成长性较弱，企业的盈利能力一般。所以选择窄基指数，投资者必须要具备极强的行业分析和洞察能力，并且窄基指数的风险也显著高于宽基指数。当然，什么时候买、什么时候卖也是一门相当高深的学问，哪怕是再好的基金，买卖的时机不对，肯定也会亏钱。对于本书的读者，不论是宽基指数，还是窄基指数，其中的投资要点我希望大家都能掌握。

3 特殊的指数基金

接下来我们来介绍一种特殊的指数基金——ETF。近几年，ETF特别流行。仅2019年，全年发行的ETF基金规模就达到了1800亿元人民币，截至2020年底，ETF的总规模就已经超过了7500亿元。ETF到底有什么魔力，能受到大家如此青睐呢？它又特殊在哪呢？下面我们就聊一聊ETF基金。

3.1 什么是ETF基金

ETF的英文名称是"Exchange Traded Fund"，中文名称是"交易型开放式指数基金"，又被称作"交易所交易基金"。ETF是一种特殊的指数基金，它和普通的指数基金一样，都会追踪特定的指数，比如追踪消费指数的消费ETF、追踪芯片指数的芯片ETF、追踪医药指数的医药ETF，所以本质上买入沪深300指数基金和沪深300ETF基金是没有什么差别的。那我们为什么还要投资ETF呢？它和普通的公募基金到底有什么区别？

3.2 特殊的申赎机制

为了更好地理解ETF，首先来看两个概念。

（1）第一个概念，"一级市场"和"二级市场"。大部分人可能搞不清楚这两个市场的区别。

一级市场，是指发行股票的公司单方面将股票卖给投资人的市场，也叫发行市场。比如说我们熟知的IPO，就是上市公司首次公开发行股票，这个操作过程就是在一级市场完成的。

二级市场，是投资者互相交易股票的场所，我们平时所说的炒股，也就是大家互相交易股票，这种交易流程在二级市场完成。

一级市场和二级市场的根本区别在于交易者，一级市场是上市公司和投资者在交易，而且只能是上市公司单方面把股票卖给投资者，投资者买到股票以后是不能卖回上市公司的。二级市场是投资者和投资者在交易，而且是双向交易。那么这两个市场存在的意义是什么呢？

开设金融市场，主要就是为了给实体企业提供一个更好的融资渠道，上市公司在一级市场发售股份可以筹集资金，而筹集的资金可以用来发展企业，比如购买生产设备、研发新的产品、开拓市场等。投资者愿意买股票，一方面是希望公司经营良好，股价上涨，大家可以赚钱，另一方面股票随时能方便地交易出去。二级市场存在的意义就是为一级市场提供流动性，只有股票是能被活跃交易的，大家才有动力在一级市场买股票，如果股票不能交易，那谁还愿意买股票呢？

（2）第二个概念，场内和场外。这两个名词大家可能也会经常看到，这里的"场"指的就是证券交易所。场内交易是指在证券交易所内买卖，我们说的炒股就是典型的场内交易。场外交易是指在证券交易所之外进行交易，受监管的程度比较宽松。

清楚这两个概念之后，我们再讲讲普通公募基金的交易过程。

对于普通的公募基金来说，投资者将钱交给基金公司，兑换基金的份额，这个过程就叫申购。基金公司拿到投资者的资金后，会在场内交易所买卖股票和债券，但是这个过程和投资者无关。如果投资者不想持有基金份额了，可以向基金公司提交赎回申请，基金公司则会收回份额，把钱还给投资者。无论是申购还是赎回，都是在场外进行的，所以普通的公募基金都被叫作场外基金。见图6.9。

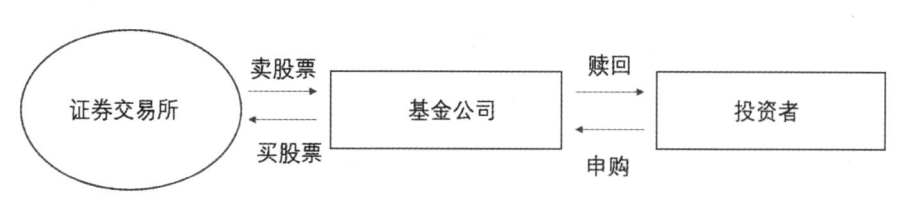

图6.9 公募基金的申赎流程

ETF基金和普通公募基金的不同之处在于它同时具备一、二级市场的交易特征。首先表现在申购赎回方面，ETF主要是以机构投资者为主体在一级市场申购和赎回ETF基金，因为基金公司收的不是钱，是股票。什么意思呢？假如现在有一支沪深300ETF基金，如果投资者想申购这支基金，就必须把沪深300中的每一只股票都买齐，然后再拿这一篮子股票去置换ETF份额。那为啥要这么麻烦呢？直接收钱不好吗？站在基金公司的立场，如果收的是现金，那么就需要基金公司自己去买股票，这样一来就会产生交易费用增加成本，如印花税、券商佣金等。如果直接收股票，这部分交易费用就由申购的投资者承担了，对基金公司是有利的。细心的朋友可能会发现，图6.10中标注的是机构投资者，原因就是通过一级市场申购赎回ETF基金的门槛很高，一般来说申购份额50万份起，还有一些ETF基金要求是100万份起。普通投资者的资金量很难达到这个要求，另外，购买一篮子股票的流程也很烦琐，因此，一级市场的参与者主要是机构投资者，比如保险公司、大型的产业基金。

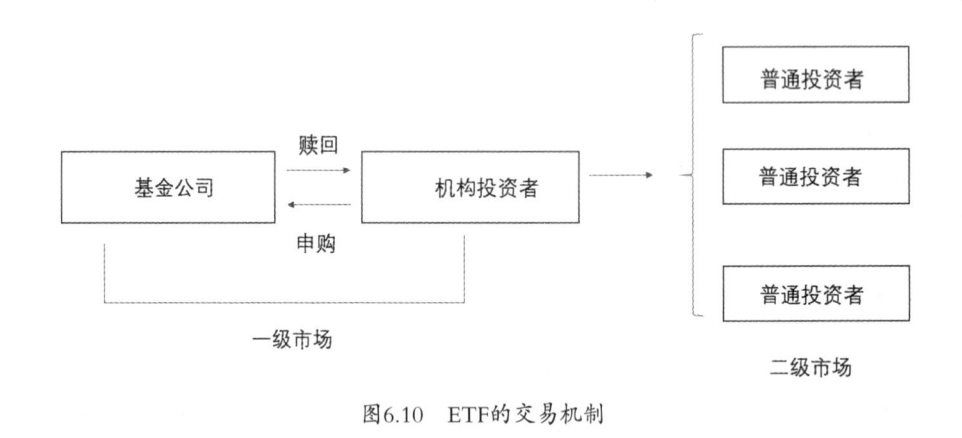

图6.10 ETF的交易机制

那么普通投资者要如何参与ETF的投资呢？这就要谈到ETF的第二个交易机制——在二级市场自由流通。机构投资者在一级市场申购ETF份额后，他们可以在交易所内把这些ETF按份额拆分卖给普通投资者，普通投资者之间也可以相互买卖，注意了，这里说的是买卖，不是申购赎回。所以在二级市场内，ETF就和股票一样，有活跃报价，15秒会刷新一次价格。因为可以拆分，在二级市场内的交易门槛就很低了，一般来说是100份起。举个例子，假如某ETF的价格是1块钱/份，我们只需要100块钱就能交易了。

ETF的交易方式和股票差不多，只需要在证券账户输入ETF代码，再输入买入价格和买入量，就能提交订单了。见图6.11。

最后，来总结一下ETF基金和普通公募基金的差别。第一，普通公募基金是场外交易，不需要开设证券账户，在银行、基金公司官网、支付宝等第三方交易平台都能直接申购赎回。而ETF基金，普通投资者一般只能在二级市场交易，所以必须先开设证券账户，然后用证券账户交易。第二，普通公募基金是在场外申购赎回，所以每天的基

图6.11 ETF的交易过程（资料来源：平安证券）

金净值只有一个价格。ETF基金在一、二级市场都能交易，所以有两个"价格"。一级市场的价格叫作基金净值；二级市场的价格和股票一样，每15秒刷新一次。

3.3 如何利用ETF基金套利

ETF基金的最大魅力在于它可以进行无风险套利。所谓的套利就是说不用承担任何风险就能稳稳地赚到钱，真有这么好的事吗？还真有，只不过门槛高了点。上文讲过，ETF基金在一级市场和二级市场都可以交易，一级市场叫作基金净值，二级市场叫作交易价格，所以理论上来说ETF有两个"价格"，而且这两个价格还经常不一样。因为在二级市场交易的ETF价格受供求关系的影响，常常围绕着基金净值波动。既然价格不一样，东西又是一样的，我们就可以低买高卖，这就叫套利。见图6.12。

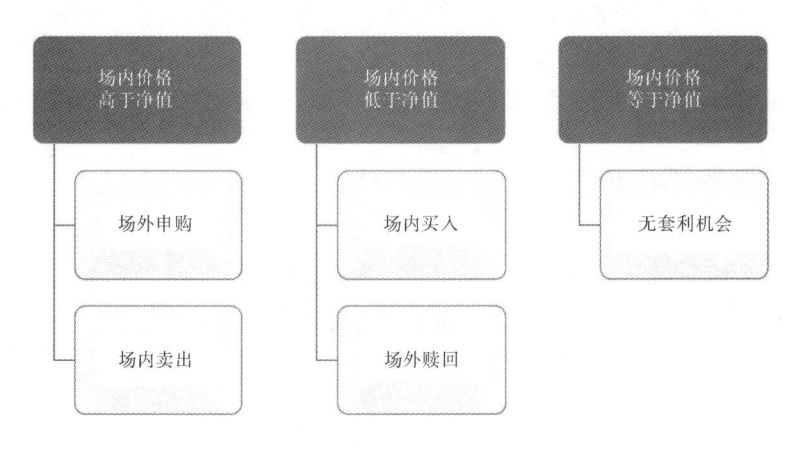

图6.12 ETF的套利流程

我们分两种情况看。

第一种情况，二级市场的价格高于一级市场的基金净值。举个例子，ETF基金净值为1元，二级市场的ETF交易价格为1.1元。这种情况我们称作ETF溢价。这个时候我们可以先买一篮子股票，然后在一级市场拿着这一篮子股票找基金公司申购ETF的份额，拿到基金份额之后，我们再到二级市场以1.1元的价格卖掉，这样一来，每一份可以净赚0.1元。

第二种情况，二级市场的价格比一级市场的基金净值低。这种情况我们称作ETF折价。假如ETF净值为1.1元，二级市场的价格为1元。该怎么操作呢？首先我们在二级市场购买ETF，成本为1元。拿到这些ETF之后，然后再到一级市场申请赎回，基金公司会给我们一篮子股票，这一篮子股票的价值为1.1元，我们再把这一篮子股票在二级市场卖掉，每一份可以净赚0.1元。

遗憾的是，我们一般人没办法按这个套路操作。原因一方面是一级市场的申购门槛太高，一般是50万份起，我们的资金量不足，另一方面是购买一篮子股票对普通投资者来说也是不现实的，有时候我们需要买300只或者500只股票，很难执行。尽管这个策略对普通投资者不太适用，但是对投资有一定的指导作用。例如，你想在场内购买ETF，但是场内ETF的基金价格显著高于基金净值，也就是说ETF是溢价交易，这个时候可以考虑先把ETF卖掉，等价格回归净值后再买回来。另一方面，如果ETF是折价交易，就可以考虑买入。

这里再解决一个问题，我们怎么才知道ETF是折价还是溢价交易呢？ETF的净值我们可以在天天基金网等第三方平台查询。

如图6.13所示，这支科技ETF的基金净值为1.7841。ETF的交易价格可以在各大证券交易软件里查询，将ETF的价格与其净值做一个对比就能知道它的折溢价率。

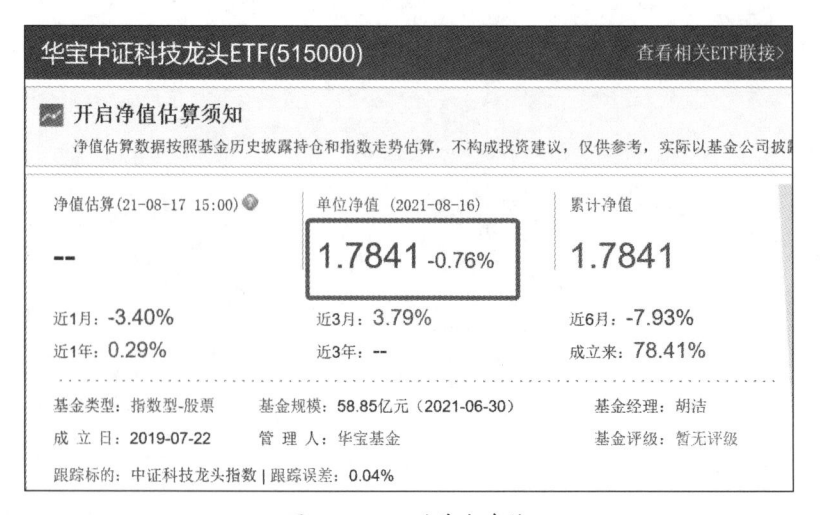

图6.13　ETF的基金净值

3.4 ETF基金的优势

本质上，ETF基金就是一种可在场内交易的指数基金，它和普通的指数基金有什么区别呢？我们为什么要选择ETF基金呢？它有什么独特的优势呢？

第一，交易成本低。对于普通的公募基金来说，主要有两部分构成成本，一是买卖基金的申购赎回费，二是基金运行过程中基金公司收取的管理费和托管机构收取的托管费。一般来说，公募基金的申购赎回费率是1%—1.5%，如天天基金网、支付宝等，第三方基金销售平台通常会打1折，这样算下来也要0.1%—0.15%。但ETF基金在场内交易，所以没有申购赎回费，只有交易佣金。交易佣金是券商收取的，一般来说只有万分之二、万分之三，最低的甚至有万分之一，相较普通的场外基金，交易费用能省不少钱。另外，卖股票要收取千分之一的印花税，ETF不用交印花税。再说管理费和托管费，ETF的优势也不小，普通的公募基金管理费率是1%—1.5%，托管费率是0.2%—0.25%，这个一般是不会打折的。ETF的管理费率是0.3%—0.6%，托管费率是0.1%左右，确实便宜不少。见图6.14。

管理费率	0.50%（每年）	托管费率	0.10%（每年）
销售服务费率	---（每年）	最高认购费率	0.80%
最高申购费率	---	最高赎回费率	---
业绩比较基准	中证科创创业50指数收益率	跟踪标的	中证科创创业50指数

图6.14　ETF的费率（资料来源：天天基金网）

第二，流动性好。对于普通的公募基金来说，如果你急需用钱，在T日下午3点前提出赎回申请，T+1日基金公司才会确认赎回申请，T+3日、T+4日赎回的资金才会到账。ETF基金在场内交易，卖单只要一成交，钱就立刻到账。所以很多对流动性要求较高的投资者都很偏爱ETF基金。

第三，追踪误差小。评估指数基金的核心要点之一就是追踪误差，追踪误差越小，基金越靠谱。ETF的追踪误差恰好是最小的。普通的场外指数基金每天都会有申购赎回，基金的资产中会储备大量的现金，这样一来，指数基金的股票仓位往往占93%—95%，但是追踪的指数是100%的股票仓位，难免会有一定的误差。ETF基金不同，它是直接要求投资者拿一篮子股票来申购份额的，赎回的时候也只是把股票还给投资者，不用支付现金，所以理论上ETF基金是不用配置现金资产的，因此追踪误差天然就比场外基金要小。

第四，投资海外市场。你可能想不到，在国内的交易所竟然可以投资美国股市！由于外汇管制等原因，国内的投资者一般是只能投资在内地交易所上市的股票。如果我们想买纳斯达克交易所的股票、东京证券交易所的股票该怎么办呢？只能投资QDII基金和ETF基金。

目前大概有11支海外ETF基金可以投资，如美国的标普500指数、纳斯达克100指数都可以直接买到，日本和德国的指数也有提供。另外，我国香港交易所也提供了两个指数，恒生指数和恒生国企指数。恒生指数已经讲过了，恒生国企指数并不是说指数里都是国有企业，它的全称是恒生中国企业指数，指数中都是中国的公司。最后，这张图表中还有一些商品指数，不过这种商品ETF的风险很大，我们后面再讲。见图6.15。

跟踪指数	基金产品	基金代码	成立时间	基金规模（亿元）
恒生指数	华夏恒生ETF	159920	2012-08-09	46.87
恒生国企	易方达恒生中国企业	510900	2012-08-09	109.4
标普500	博时标普500指数	513500	2013-12-05	14.78
	易方达标普500指数	161125	2016-12-02	2.31
纳斯达克100指数	国泰纳斯达克100	513100	2013-04-25	21.12
	易方达纳斯达克(LOF)	161130	2017-06-23	1.49
德国（DAX）30指数	华安德国30指数	000614	2014-08-12	3.98
日经225指数	华夏野村日经225ETF增长	513520	2019-06-12	3.32
中证海外互联网50指数	易方达中概互联	513050	2017-01-04	14.18
	中概互联ETF联接	006327	2019-01-18	1.29
中证海外中国互联网指数	交银中证海外中国互联网	164906	2015-05-27	12.65
标普可选消费指数	美国消费	162415	2016-03-18	3.15
标普生物科技指数	标普生物	161127	2016-12-13	0.76
标普石油天然气指数	华宝油气	162411	2011-09-29	43.68

图6.15　海外ETF

3.5 ETF基金的缺点

接着我们讲讲ETF基金的缺点。

第一，难以长期持有。正是因为ETF的流动性太好，所以很多人会频繁买卖，导致出现"拿不住"的情况，当然了，这个"锅"让ETF背也不太合适，更重要的是买卖要放平心态，不要频繁操作，追涨杀跌。

第二，不适合定投。指数基金存在的重大意义之一就是做定投，但是ETF基金由于是在场内交易的，15秒一个价格，和普通的公募基金不一样，所以这个特性就不太适合做定投。尽管有一些券商推出了ETF定投功能，但是我个人认为这种策略并不好，选时操作会更合适一些。选时操作比较麻烦，这就是ETF基金的缺点之一。不过，聪明的市场为了满足投资者的需求，推出了ETF基金的同胞兄弟——ETF联接基金。

3.6 ETF联接基金

ETF联接基金和普通的公募基金一样，是在场外交易的，只不过它将绝大部分的基金资产都投资了ETF。所以通过这种模式，ETF联接基金在相当程度上复制了ETF基金的表现，再加上它在场外交易，不用开证券账户也可以定投。但是，由于ETF联接基金是在场外交易，所以ETF基金的独特优势它也不具备了，并且也有其他的缺点，比如ETF联接基金的流动性一般、追踪误差较大、费率高、无法套利。其实，我们可以将ETF联接基金看成普通的指数基金，至于如何选择，要看大家自己的偏好。

> **小提示**
>
> 股票指数：股票指数是一篮子股票组成的，反映的是股票市场的状况。
>
> 宽基指数：上证指数、沪深300指数、恒生指数等。
>
> 窄基指数：白酒指数、医药指数、新能源汽车指数等。
>
> 指数基金：追踪特定的指数，试图复制指数的表现。
>
> 增强型指数基金：虽然也追踪特定的指数，但是基金经理有一定的自主权。
>
> 指数基金的优势：指数走势长期向上、排除人为干扰。
>
> 指数基金的投资要点：选择追踪误差小、费率低的基金。
>
> ETF基金的申赎机制：一级市场申购赎回，二级市场买卖。
>
> ETF基金的套利流程：ETF处于溢价时，场外申购，场内卖出；ETF处于折价时，场内买入，场外赎回。
>
> ETF基金的优势：成本低、流动性好、追踪误差小、可以投资海外市场。
>
> ETF基金的缺点：投资者可能会频繁买卖、不适合定投。
>
> ETF联接基金：复制ETF基金的表现，可在场外交易。

第七章

QDII基金

中国股市成立30多年，诞生了很多牛股，如贵州茅台上市20年股价翻了300多倍、格力电器也翻了100多倍。但是有一些公司出于各种原因没有选择在内地上市，而选择在中国香港或美国上市。另外，海外也有一些公司为投资者取得了丰厚的回报，比如说苹果、特斯拉、亚马逊等。这些公司为投资者带来了百倍甚至上千倍的回报，我们可以直接投资这些公司吗？不可以，目前条件下，我们无法直接投资海外和中国香港地区的股市，根本原因在于资本管制。

1 QDII基金

在资本管制的大背景下，如何满足大家投资海外市场的需求呢？2006年4月，我国正式推出了QDII制度，同年9月，我国首支QDII基金"华安国际配置"正式成立。QDII基金，全称"Qualified Domestic Institutional Investor"，即合格境内机构投资者。简单来说，就是经过国家批准，可以合法投资境外市场的基金。通过QDII基金，中国老百姓也能投资美国、欧洲等地的股市。

QDII基金在2007年迎来了大爆发，彼时正是中国牛市的巅峰，毫不夸张地讲，那时候随便买一支股票或者基金都能赚钱，所以大家的投资情绪非常高昂。在2007年下半年发行的几支QDII基金中，有一些甚至募集到了300亿元以上。但是好景不长，2008年金融危机爆发，全球资本市场陷入泥潭，投资海外市场的QDII基金也不例外，净值"腰斩""膝盖斩"的比比皆是。大量投资者被深套，QDII基金也从市场的"宠儿"瞬间变成"弃儿"。

尽管QDII基金曾经"伤"了众多人的心，但是它在资产配置中依然不可或缺。QDII基金经过十几年的发展，已经不限于投资股票市场，还可以投资大宗商品。

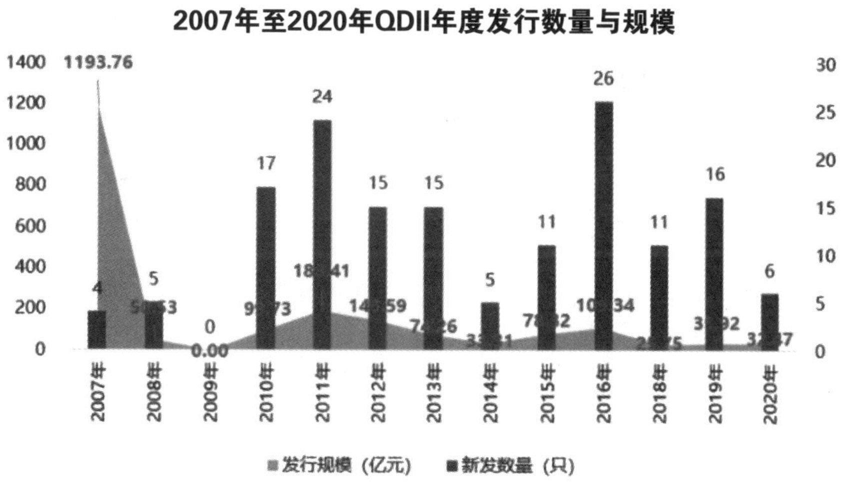

2007年至2020年QDII年度发行数量与规模

图7.1　2007—2020年QDII基金发行量（资料来源：天天基金网）

2 QDII基金的优势

接着我们来聊聊QDII基金的优势。

第一，可以分散单一市场的风险。说到风险，先普及一个概念——相关性（Correlation）。所谓相关性，就是衡量两种资产的关联程度。一般来说有三种关系：正相关、负相关和不相关。例如，两只股票：贵州茅台和五粮液，由于这两只股票都是白酒股，业务相似，呈现出的状态经常是同涨同跌，这种状态我们就叫正相关。如果是中石油和长安汽车，结果可能就不一样了。因为油价上涨可能会对汽车的销量有一定的压制，所以呈现的状态可能是一涨一跌，这种情况叫负相关。如果两种资产没有呈现明显的相关性，就叫不相关。一般来说，我们要尽量选择相关性较低的资产来搭配，同理，选择多个市场也能很好地分散风险。

海外市场由于政策、估值、风险偏好和投资者的结构都和中国市场有别，所以两者的相关性比较低。当然，分散化投资更多是满足大资金的需求，如果资金量不是很大，就没有太大的必要了。

第二，投资范围广。QDII基金不仅可以投资股票、债券这种传统资产，还可以投资石油、黄金、房地产这种大宗商品类。商品类的QDII基金，我强烈不建议大家参与，除非你的知识储备非常深厚。

3 | QDII基金的风险

QDII基金虽然看似"高大上",但是也有不少独特的风险需要留意。

第一,汇率风险。因为QDII基金涉及外币投资,所以汇率风险是我们必须要考虑的问题。

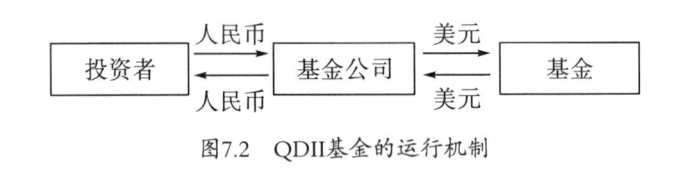

```
           人民币          美元
投资者  ⇌  基金公司  ⇌  基金
           人民币          美元
```

图7.2　QDII基金的运行机制

一般我们是用人民币认购基金份额,基金公司收到了人民币,会把它兑换成美元、日元或欧元等外币,再拿着这些外币去投资对应国家的股市。当赎回的时候,基金公司必须要将外币兑换成人民币退还,那么申购和赎回时汇率可能是不一样的。例如,你拿10万元人民币去申购投资美股的QDII基金,当时的美元兑人民币汇率是1∶7。一年后,如果打算赎回基金,但是汇率可能是1∶6.5,也就是说,人民币升值了,这就意味着基金份额可能贬值了,因此损失了7%的资产。当然,如果人民币贬值了,现在的汇率是1∶7.5,也就赚了7%。所以要记住:用人民币投资海外,人民币升值,投资QDII基金会亏损;人民币贬值,投资QDII基金会盈利。

汇率的波动非常复杂,与利率、通胀率、货币政策、财政政策等多个指标都有相关性,其中也牵扯到很多经济学的知识和理论。我个人的观点是,长期来看,人民币升值是大趋势,但是短期的不确定性仍然很大。

第二,海外市场风险。投资QDII基金的核心优势之一就是分散单一市场的风险,但是这也是一把双刃剑。要知道海外市场的风格、投资者结构、风险偏好以及市场机制都和我国有着非常显著的差异,尤其是欧美股市。这就要求基金经理必须要有丰富的海外投资经验,甚至要对当地的文化风俗、价值观一清二楚。遗憾的是,擅长海外投资的基金经理屈指可数,很多在国内业绩做得非常顶尖的基金经理,在国外都遭到了滑铁卢。

第三,外汇额度风险。我国实行的是资本管制制度,国家会给QDII基金分配外汇额度,一旦外汇额度用完,基金公司就会暂停申购,所以我们经常会看到某热门QDII基金暂停申购,就是因为外汇额度消耗完了。

第四，费率高。QDII基金的费率明显高于普通的主动管理型基金。主动管理型基金的管理费一般是1.5%，托管费大概是0.25%，而QDII基金的管理费大概为1.8%，托管费在0.3%左右。

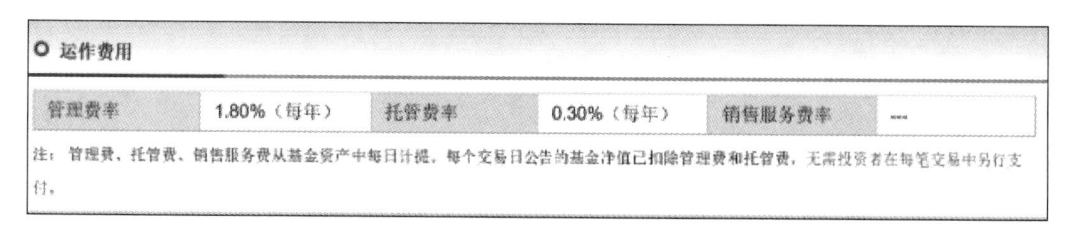

图7.3　QDII基金的费率（资料来源：天天基金网）

第五，流动性较差。QDII基金的效率比较低，首先因为存在时差，其次牵扯到换汇时间的问题。

4 QDII基金的投资建议

根据我个人的经验，给大家几个QDII基金的投资建议。

第一，以指数投资为主。因为真正擅长投海外市场的基金经理并不多，并且投资指数的QDII基金的收益基本和对应的指数一致，和基金经理的能力关系不大，同时指数基金的费率还要低很多。稳健型的投资者可以考虑标普500指数，激进型的投资者可以考虑纳斯达克100指数。选择指数基金，我们尽量去寻找追踪误差较小的就好。

第二，尽量不要去买大宗商品或债券类基金。大宗商品我们讲过，风险较高，对投资者的要求也比较高，不具备这个实力贸然买入很容易被"割韭菜"。为啥也不推荐债券类的QDII基金呢？一方面海外的债券产品和国内的差别大，需要花时间去研究。另一方面，发达国家的利率都比较低，从数据来看，收益不如国内的债券。

第三，QDII基金有独特的汇率风险、地域风险，性价比并不是很高。我不建议大家把大部分资产投资其中，投资QDII基金的比例最好也不要超过20%。

第四，QDII基金费率贵、申赎效率低，我们可以去买它的替代品——海外ETF基金。上一章我们已经讲过ETF的优点——费率低、流动性好、追踪误差小，QDII基金的问题基本都能被它解决了。

第八章

特殊基金

这一章我们来讲几种特殊的小众基金，分别是打新基金、FOF基金和REITs基金。这几类基金很多读者不太了解，它们的发展历史也比较短，但是随着我国经济和金融体系的发展，它们在未来的资产配置中也会产生独特的作用。

1 打新基金

1.1 A股的打新制度

所谓打新基金，顾名思义，就是把资金主要用来打新的基金。那就不得不问一个问题了，为什么要打新呢？炒过股的朋友们都知道，在A股打新基本是稳赚不赔的，特别是在牛市的时候，有的新股上市以后能拉几十个涨停，运气好能赚好几倍甚至几十倍的收益。换句话说，中一只新股就跟中彩票一样，只不过奖金的金额不确定，为什么会产生这种奇特的现象呢？这跟我国股市独特的发行上市制度有关。

第一，因为过去我国新股上市采取的是审批制和核准制。在这两种制度下，上市难度较大，所以新股有一定的稀缺性，也就造成了资金炒作的现象。第二，过去新股上市有一个惯例，股票发行的市盈率不超过23倍，这样一来，新股的价格压得就比较低，上市以后往往就有较大的涨幅。

然而，这几年我国已经在逐步试点注册制了。目前的创业板和科创板实行的就是注册制。

什么是注册制呢？简单说，只要一家公司资料齐全，符合上市要求，无须证监会核准就可上市。因此上市名额也不再是稀缺品了。另外，注册制下，新股发行不再遵循23倍市盈率的惯例，所以炒作空间也会变小。

可以预见的是，推行全面注册制后，打新也会成为一门技术活，只有发行价合理、基本面良好的公司，股价才有上升空间。

1.2 A股的打新渠道

说到打新股，很多朋友可能会问，为什么不直接去打新，还要专门去买打新基金，这不是多此一举吗？这就要聊到A股的打新渠道了。

目前A股主要有两种打新渠道。

第一种，网上申购，这种方式参与门槛很低，只要你的股票持仓市值达到1万元以上就能申购新股了，你的股票市值越高，打新时给你的配号也越多，中签概率也越大。而科创板和创业板的门槛会相对高一些，分别要求50万元和10万元的市值，还要求两年的投资经验。但是这种方式的缺点也很明显，由于准入门槛比较低，竞争激烈，所以中签的概率非常低。一般来说，新股的中签率大概只有万分之二到万分之三，普通人一年能中一次签都算运气不错了。

第二种，线下申购，这种方式门槛会高很多。一般是机构投资者在参与，比如证券公司、保险公司、基金公司，个人投资者也能参与，但是需要1000万元以上的股票市值，部分上市公司的要求更高，这个条件是普通投资者很难达到的。因为参与门槛很高，所以中签概率要远大于线上申购，获配的股数也更多，收益自然更多。此外，公募基金属于线下申购的A类投资者，具有优先配售的权利，以科创板为例，一般70%的线下申购份额都会分配给A类投资者，数据显示公募基金的线下获配比例达到了26%。所以结果很明显了，打新基金的中签概率高，比我们自己打新靠谱的多，这就是打新基金流行的最大原因。

1.3 打新基金

首先要说明一点，官方没有打新基金这一称呼，我们经常看到的基金类型只有股票型、混合型、债券型等，打新基金更多的是投资者的称呼，实际上是因为基金公司是A类投资者，享有线下申购的特权和便利。要注意，因为必须持有一定的股票市值才能打新，所以打新基金必须配置一定的股票。

1.4 打新基金的分类

根据打新基金的特性，我把市面上的打新基金分为两种：全职打新基金和兼职打新基金。

（1）全职打新基金

全职打新基金的投资策略就是靠打新股赚取收益，所以它的股票仓位一般都是稳健型蓝筹股，比如工商银行、招商银行、兴业银行等。这种蓝筹股的波动很小，符合打新基金不靠股票资产赚钱，而是获取更多的打新额度的目的。所以面对全职打新基金，要格外注意基金经理线下申购的报价能力以及新股成功获配数量。

全职打新基金值得投资吗？从数据上看，绝大部分的全职打新基金收益率为4%—10%，和纯债基金的表现差不多，但优点是回撤率比较低，一些优秀的打新基金在熊市的回撤率也只有2%—3%，所以打新基金在资产配置中的作用和债券型基金差不多。那是不是说打新基金存在的意义不大呢？也不尽然，在极端行情之下，打新基金会有独特的作用。比如遇到信用债危机，很多债券基金岌岌可危，这时配置打新基金当后卫，也是不错的选择。

那该如何挑选打新基金呢？

第一，基金规模非常重要。如果打新的收益少，规模越大，平摊到每个人头上的收益就越少，管理费就越高；规模太小，基金会有被清盘的风险。多大的基金规模比较合适呢？按照经验，建议规模在2亿元—10亿元。

第二，要关注打新基金的打新效率，基金的获配金额占净资产的比重越高，给投资者带来的回报就越丰厚。

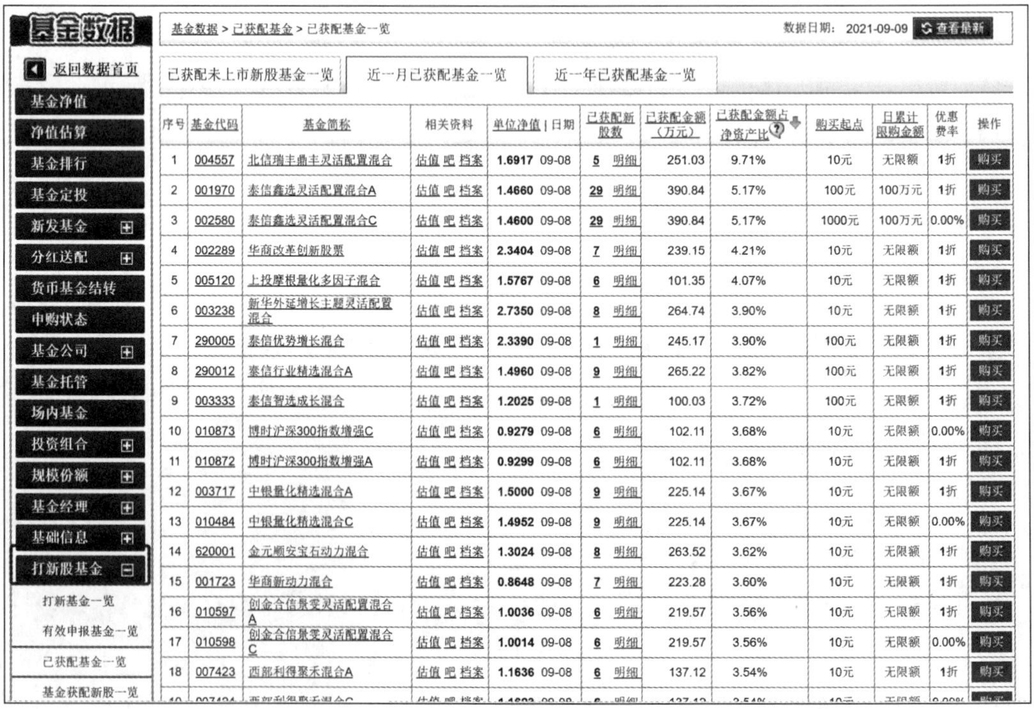

序号	基金代码	基金简称	相关资料	单位净值 | 日期	已获配新股数	已获配金额（万元）	已获配金额占净资产比	购买起点	日累计限购金额	优惠费率	操作
1	004557	北信瑞丰鼎丰灵活配置混合	估值 吧 档案	1.6917 09-08	5 明细	251.03	9.71%	10元	无限额	1折	购买
2	001970	泰信鑫选灵活配置混合A	估值 吧 档案	1.4660 09-08	29 明细	390.84	5.17%	100元	100万元	1折	购买
3	002580	泰信鑫选灵活配置混合C	估值 吧 档案	1.4600 09-08	29 明细	390.84	5.17%	1000元	100万元	0.00%	购买
4	002289	华商改革创新股票	估值 吧 档案	2.3404 09-08	7 明细	239.15	4.21%	10元	无限额	1折	购买
5	005120	上投摩根量化多因子混合	估值 吧 档案	1.5767 09-08	6 明细	101.35	4.07%	10元	无限额	1折	购买
6	003238	新华外延增长主题灵活配置混合	估值 吧 档案	2.7350 09-08	8 明细	264.74	3.90%	10元	无限额	1折	购买
7	290005	泰信优势增长混合	估值 吧 档案	2.3390 09-08	1 明细	245.17	3.90%	100元	无限额	1折	购买
8	290012	泰信行业精选混合A	估值 吧 档案	1.4960 09-08	9 明细	265.22	3.82%	100元	无限额	1折	购买
9	003333	泰信智选成长混合	估值 吧 档案	1.2025 09-08	1 明细	100.03	3.72%	100元	无限额	1折	购买
10	010873	博时沪深300指数增强C	估值 吧 档案	0.9279 09-08	6 明细	102.11	3.68%	10元	无限额	0.00%	购买
11	010872	博时沪深300指数增强A	估值 吧 档案	0.9299 09-08	6 明细	102.11	3.68%	10元	无限额	1折	购买
12	003717	中银量化精选混合A	估值 吧 档案	1.5000 09-08	9 明细	225.14	3.67%	10元	无限额	1折	购买
13	010484	中银量化精选混合C	估值 吧 档案	1.4952 09-08	9 明细	225.14	3.67%	10元	无限额	0.00%	购买
14	620001	金元顺安宝石动力混合	估值 吧 档案	1.3024 09-08	8 明细	263.52	3.62%	10元	无限额	1折	购买
15	001723	华商新动力混合	估值 吧 档案	0.8648 09-08	7 明细	223.28	3.60%	10元	无限额	1折	购买
16	010597	创金合信景雯灵活配置混合A	估值 吧 档案	1.0036 09-08	6 明细	219.57	3.56%	10元	无限额	1折	购买
17	010598	创金合信景雯灵活配置混合C	估值 吧 档案	1.0014 09-08	6 明细	219.57	3.56%	10元	无限额	0.00%	购买
18	007423	西部利得聚禾混合A	估值 吧 档案	1.1636 09-08	6 明细	137.12	3.54%	10元	无限额	1折	购买

图8.1　打新基金一览（数据来源：天天基金网）

在天天基金网中查看基金数据的"打新股基金"这一栏,可以轻松查询打新基金的获配金额、获配股数等信息,另外,也可以根据选基原则去挑选合适的打新基金。见图8.1。

(2)兼职打新基金

兼职打新基金是指主要收益率还是以投资回报为主,打新只是兼顾参与。这种基金打新股的收益占比不高。

2 FOF基金

FOF基金全称"基金中的基金"(Fund Of Funds)。普通的基金一般都会去投资股票、债券这种传统资产,比较特殊的可能还会去投资金融衍生品,FOF基金的特殊之处在于既不投资传统资产,也不投资金融衍生品,而是只投资基金。简单说,FOF基金就是基金经理拿着投资者的资金再去购买其他类型的基金。大家可能会说,何必要多此一举呢?根本原因就在于普通投资者无法挑选出优秀的基金,即使选出了优秀的基金,也不会做基金组合,而FOF基金是依靠专业的基金经理筛选基金,所以挑选出的基金和配置的组合要比普通投资者靠谱很多,这就是FOF基金的核心优势,理论上来说,一只优秀的FOF基金足以满足大多数投资者的需求。

2.1 FOF基金的业绩

图8.2是各类型基金近两年的表现,数据截至2021年4月。整体上看,FOF基金的表现不及股票型和混合型基金,胜于债券型基金。QDII基金由于其自身的特性和海外市场的特殊性,我们在这里暂不做讨论。由此可以看出,FOF基金的表现不如股票型和混合型基金,其实这也正常,FOF基金的底层资产是基金,基金的收益和风险就会小于股票,因此FOF基金的长期回报率会处于债券基金和股票基金之间。但是现有的FOF基金

各类型基金近一年、近两年平均收益率		
基金类型	近一年收益率	近两年收益率
FOF基金	22.41%	32.18%
股票型基金	37.44%	46.83%
混合型基金	36.40%	54.46%
QDII基金	30.99%	27.86%
债券型基金	2.15%	8.36%

图8.2 各类型基金业绩(数据来源:Wind)

存在几个比较明显的缺陷。

2.2 FOF基金的缺点

（1）双重收费

基金公司是要收管理费的，一般主动管理型基金的管理费率在1.5%左右。一般来说，FOF基金的管理费率要稍低一些，为1%—1.2%。图8.3中FOF基金的管理费率就是1%。但是别忘了，FOF基金的投资品也是基金，这些基金也是要收管理费的，所以就形成了双重费用的问题。这样一来，光是管理费就要支付2.5%以上，再加上托管费，每年的费率就要接近3%了。加之FOF基金的长期收益率本身就比较一般，再叠加这么高的费率，投资回报确实会下降不少。

基本概况		其他基金基本概况查询：	请输入基金代码、名称或简拼
基金全称	海富通聚优精选混合型基金中基金(FOF)	基金简称	海富通聚优精选混合(FOF)
基金代码	005220（前端）	基金类型	混合型-偏股
发行日期	2017年09月26日	成立日期/规模	2017年11月06日 / 21.595亿份
资产规模	2.86亿元（截止至：2021年06月30日）	份额规模	1.70亿份（截止至：2021年06月30日）
基金管理人	海富通基金	基金托管人	中国银行
基金经理人	朱赟	成立来分红	每份累计0.00元（0次）
管理费率	1.00%（每年）	托管费率	0.20%（每年）
销售服务费率	---（每年）	最高认购费率	1.20%（前端）天天基金优惠费率：0.12%（前端）
最高申购费率	1.50%（前端）天天基金优惠费率：0.15%（前端）	最高赎回费率	1.50%（前端）
业绩比较基准	沪深300指数收益率70%+上证国债指数收益率30%	跟踪标的	该基金无跟踪标的

图8.3 FOF基金管理费率（数据来源：天天基金网）

（2）道德风险

FOF基金最吸引大家的原因就是基金经理够专业，能挑出更好的基金，但是基金经理会优先选择自家公司的基金，把公司的利益置于投资者的利益之上。另一方面，如果基金经理大量挑选其他公司的基金，很多投资者就会顺势去买其他基金公司的产品，这不是基金经理愿意看到的。这些情况都会加剧道德风险。

尽管有上述的一些缺点，FOF基金却也不是一无是处。除了我们讲过的专业配置之外，FOF基金的投资范围也比较广，它可以投资QDII基金、商品基金等多元化金融产品。当然，基金投资的难度要远低于股票投资，本书的核心目的之一就是帮助大家构建出优秀的基金组合，这意味着读者也能成为一名优秀的FOF基金经理，相信在读完本书后，大家都能做到。

2.3 FOF基金的适用人群

我不太建议大家去投资FOF基金。但是，有两类投资者可以考虑FOF基金：

第一类是对基金的了解知之甚少的朋友。

第二类是年龄较大或风险承受能力和意愿较低的朋友。

3 REITs基金

REITs基金全称"房地产信托投资基金"。简单理解，就是投资者把钱交给基金经理，基金经理拿着这笔钱去投资相应的房地产或基建项目，比如公寓、住宅、高速公路等，这些投资项目会获得固定的收益，比如公寓和住宅的租金、高速公路的过路费，在扣除了基金的运营费用之后，这些收益会按照认购比例分配给相应的投资者，本质上，REITs基金就是房地产证券化的一种方式。

很多朋友对REITs基金还比较陌生，但是REITs基金在海外的发展非常早，市场保有量非常大。以美国为例，2019年REITs基金的规模已经高达1.4万亿美元，相当于美国GDP的6.5%。

从数据来看，最近30年美国REITs基金的年化回报率为10.26%，高于道琼斯工业指数的8.42%，标普500的10.42%和纳斯达克指数的11.68%相差无几。也可以说过去30年，REITs基金的收益率并不弱于主流的股票指数。因为高收益，吸引了大量普通美国

REITs指数与重点股指回报比较（%，年化）

距离当前时间	1年	3年	5年	10年	15年	20年	25年	30年	35年	40年
FTSE Nareit All REITs	36.94	10.35	7.19	9.27	6.46	10.1	9.83	10.26	8.94	9.95
FTSE Nareit All Equity REITs	34.24	10.78	7.19	9.35	6.74	10.43	10.28	10.73	9.95	11.29
S&P 500	56.35	16.78	16.29	13.91	10.02	8.47	9.59	10.42	10.82	11.63
Russell 2000	94.85	14.76	16.35	11.68	8.83	9.76	9.36	10.44	9.66	10.44
Nasdaq Composite	73.4	24.54	23.44	18.22	12.25	10.37	10.46	11.68	10.72	10.91
Dow Jones Industrial	53.78	13.61	15.99	13.09	10.28	8.83	7.36	8.42	8.63	9.12

图8.4 美国各类型基金收益率（数据来源：NAREIT，平安证券研究所）

公民投资REITs基金，近20年来，持有REITs的美国家庭比例从23%上升至44%。我国也于2021年5月推出了首批公募REITs基金，普通投资者又多了一个投资渠道。

REITs基金的优点有哪些，首批REITs基金值得投资吗？见图8.4。

3.1 REITs的优点

REITs基金的优点如下：

第一，对冲传统投资的风险。重温一下"相关性"的概念，两种资产的相关性越高，就越容易呈现同涨同跌的情况，风险就越大。REITs基金的底层资产是房地产或基建项目，所以与大多数股票、债券的相关性比较低，在一定程度上可以分散风险。比如股市的行情不好，股票型资产的表现可能就不太好，但是REITs基金的波动可能不会太大，依然可以拿到基金的分红，这是REITs的核心优势之一。

第二，投资门槛低。以我国首发的9支REITs基金为例，场外认购的门槛为100—1000元，基本上每个投资者都能参与。如果想参与房地产市场的实业投资，至少需要几十万元的资金，在一些大城市需要几百万元甚至几千万元的资金，这就将很多投资者拒之门外了。

第三，现金流稳定。不管REITs基金投资的是传统住宅、公寓、酒店、商场，还是基建项目，现金流都非常稳定。比如一支投资于高速公路的REITs基金，它收取的过路费是比较稳定的，因为每天通行的车辆变化不会特别大。所以，一定程度上REITs比较具备抗通胀的能力。同理，酒店的房费、住宅的租金以及商场的店租都比较稳定，所以REITs的回报也是稳定且容易预测的。

第四，分红比例高。虽说REITs的现金流非常稳定，但是如果基金不分红，收益也拿不到。因此，相关部门规定公募REITs基金必须进行强制分红，并且是收入的90%以上。这就意味着每年都有实实在在的收益。

第五，流动性好。REITs的份额就跟股票一样，可以直接在二级市场交易，所以流动性非常好。但是如果将资金直接投资房地产，流动性就非常差，不仅要办各种烦琐的手续，还要找中介撮合交易，最关键的是交易中还会产生非常高昂的费用。

3.2 REITs的缺点

说了这么多REITs的优点，缺点是什么呢？

第一，REITs是一种证券产品，既然可以在二级市场交易，那或多或少会受到股票市场的影响。尽管两种资产的相关性比较低，但是在极端情况下，比如说大熊市，

REITs可能也会遭到甩卖。

第二，封闭期比较长。首批公募REITs最长封闭期达99年，也就是这段时间内是不能赎回的，不过这个问题可以解决，我们可以将REITs的份额转移到场内交易。

3.3 首批公募REITs值得买吗？

首先要明确一点，我国的公募REITs基金暂时不允许投资酒店、商场、写字楼、公寓等房地产项目。这样的规定可能出于两方面的考虑："房住不炒"是大方针和大背景，目前的公募REITs是在试点。因此，首发的9支REITs基本都投资于基础建设项目，比如工业园区、高速公路以及港口。图8.5是首发REITs的简况，大家可以参考。

但是这样就有一个问题——投资难度更高了。因为酒店、公寓、住宅这种资产普通人比较容易看懂，一年能产生多少租金也比较固定。但是基建项目就不一样了，例如，图8.5中的博时招商蛇口产业园，你需要了解这个产业园区是做什么的，利润从哪儿来，投资回报率有多高。再比如浙商汇金沪杭甬高速，这条高速每天有多少辆车通过，收费标准如何，多久需要翻新，翻新成本是多少，这些都要了解清楚。因为任何投资品产生的价值都来源于底层资产的价值。必须把底层资产摸透，投资才会有把握。所以，投资前要仔细阅读基金的相关文件，起码要对底层资产有基础性了解。当然，这几支基金也是REITs的首秀，相信一定是比较优质的项目。

代码	证券简称	账面价值（亿元）	资产估值（亿元）	资产增值率	2021年预计派息率	2022年预计派息率	封闭期
180101.SZ	博时招商蛇口产业园REIT	4.40	25.3	475%	4.10%	4.16%	50年
180201.SZ	平安广州交投广河高速公路REIT	54.31	96.7	78%	6.19%	7.20%	99年
180301.SZ	红土创新盐田港仓储物流REIT	9.79	17.1	75%	4.47%	4.75%	36年
180801.SZ	中航首钢生物质REIT	11.30	12.5	11%	9.13%	8.17%	21年
508000.SH	华安张江光大园REIT		14.7		4.74%	4.11%	20年
508001.SH	浙商证券沪杭甬高速REIT	24.89	45.6	83%	12.40%	10.50%	20年
508006.SH	富安首创水务REIT	16.92	17.5	3%	8.74%	9.15%	26年
508027.SH	东吴苏州工业园区产业园REIT	18.47	33.5	81%	4.50%	4.54%	40年
508056.SH	中金普洛斯仓储物流	11.81	53.5	353%	4.45%	4.48%	50年

图8.5 首发REITs基金（数据来源：Wind，平安证券研究所）

那么到底要不要投资REITs呢？我的观点：

第一，金融资产规模在300万元以上，建议拿出少部分资金参与。REITs和传统资产的相关性比较低，如果手中的资金量比较大，还是要做好资产配置。

第二，如果要投资REITs，不要把它当成股票或者基金，过于关注基金净值的涨跌，因为REITs的核心是获取高分红，我们尽量把它当成一个固定收益产品长期持有，获取稳定的回报。

REITs在全球的金融市场中都是举足轻重的一环，未来随着REITs在我国的发展，相信也会成为居民资产配置中的一根顶梁柱。

第二部分

进阶篇

PART ONE

第九章

估　值

从本章开始，我们正式进入本书的第二部分——进阶篇。第一部分，我们对各种各样的基金有了基本的了解，也学习了如何通过各种指标分析基金的优劣，但是这还远远不够，怎么构建一个优秀的基金组合？如何确定更合适的买点？基金在什么阶段应该卖出？基金定投靠谱吗？这些都是要解决的问题。本章，我们将探讨一个非常重要的问题——估值。

1 价格与价值

同样的基金，不同的买点会造成非常大的收益差距。我们以嘉实新兴产业（000751）基金为例，如果你在2015年6月12日买入，并且持有到2018年6月12日，这支基金的总收益率只有4.48%，年化收益率只有1.47%，收益率还不如无风险的国债，图9.1显示了该基金在这段时间的业绩表现。

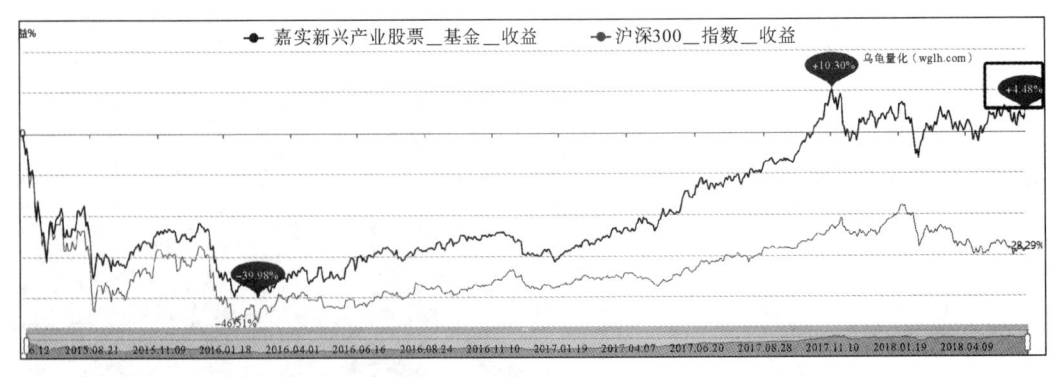

图9.1　基金收益率（数据来源：乌龟量化）

但是，同一支基金如果我们从2019年1月1日买入，持有到2021年1月1日，持有期为2年。这期间的收益率竟然高达212%，年化收益率为81%，几乎是前面所列举收益的50

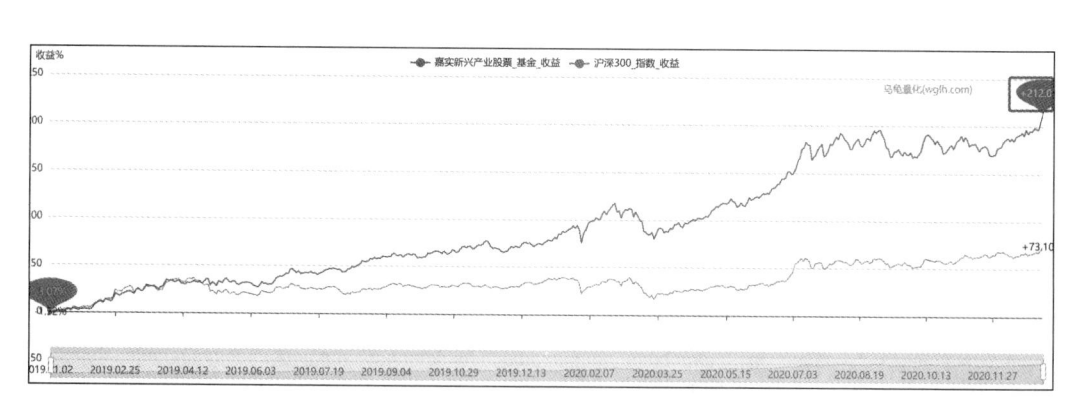

倍！图9.2显示了该基金在这段时间的业绩表现。

图9.2 基金收益率（数据来源：乌龟量化）

为何同一支基金，在不同的时间点买入收益率差距会如此之大？因为"买入价格"不同。2015年6月12日是牛市的顶点，各种资产已经被炒上了天，资产价格严重泡沫化，即价格远远超过价值。这个时候买入，自然收益不多。而在2019年1月1日，股市在2018年经历了一整年的下跌，各种资产的价格都已经非常低了，这个时候买入性价比就很高。因此，无论多么优质的资产，也要在一个合理的价格买入才能获取较大的回报。

2 价值投资

价值投资的开创者、巴菲特的老师——格雷厄姆曾经做过一个非常贴切的比喻：股价就像一只小狗，而狗主人就相当于股票的内在价值，遛狗时狗有时会跑在主人的前面，有时会跑在主人的后面，但从长期来看，狗总会跑到主人的身边。所以，价格总是围绕着价值波动，但终究会回到价值附近。因此，最有效的策略就是买进被低估的资产，然后耐心持有，直到价格回归价值，这也是价值投资的核心。

确定资产的内在价值，估值就尤为重要了。

3 估 值

估值，就是对上市公司的价值进行评估。目前的主流估值方法有相对估值法和绝对估值法。相对估值法是以市场相对的指标参照物做比较，比如市盈率、市净率、市销率等。绝对估值法则不同，主要基于现金贴现计算公司估值的高低，比如自由现金流折现模型、股利折现模型等，一般运用于股票投资。对绝对估值法感兴趣的读者可自行学习。本章将重点讲述相对估值法。

4 相对估值法

4.1 市盈率（P/E）

市盈率这个指标非常出名，不仅被散户投资者广泛使用，连专业的投资机构也非常喜爱，可以说是著名的估值指标。

市盈率（P/E）=每股股价（Price）/每股收益（EPS）

这是市盈率最初始的计算公式，但是EPS这个指标比较难获取，我们也可以用另外一个公式来计算它：

市盈率（P/E）=企业总市值/企业净利润

无论是总市值还是企业净利润，这两个指标都是非常容易获取的，那么市盈率这个指标到底代表什么呢？我们可以从两个角度来理解市盈率：第一，它代表投多少钱可以赚1元，比如30倍市盈率，就意味着要投30块钱才能赚1元；第二，它代表多少年可以回本。其实这两点都非常好理解，比如30倍的市盈率，就相当于公司市值等于利润的30倍。在未来增长不变的情况下，公司要赚30年的钱才能达到自己的总市值。所以我们从这两个角度都能发现，市盈率越低，说明企业或指数越被低估，投资价值越大。

那么，是不是一定要买市盈率低的资产呢？在实际操作中，该怎么使用市盈率呢？

市盈率的第一种实操方法就是直接和参照物对比。例如，A公司是一家食品公司，市盈率为30倍。这个时候，我们可以找一个参照物来做比较，比如行业的平均市盈率是20倍，相较之下，A公司的市盈率过高，我们可以说它被高估了。但是这个方法也有一定的缺陷，比如A公司是行业龙头企业，有核心技术或核心产能，可以给一定的估值溢价。所以，在使用这个方法的时候要注意一些细节的调整。再比如我们可以选一个和A公司业务模式特别相似的B公司来做比较。比如B公司的市盈率是25倍，我们也可以说A公司被高估了。但是问题在于特别相像的两个公司比较难找到。

市盈率的第二种实操方法是我们以目标公司或指数作为参照物，什么意思呢？假设A公司的市盈率为30倍，我们可以看看30倍的市盈率在它的历史中算高还是低，这就是——市盈率百分位。

如图9.3的这只股票，当前的市盈率是43倍，历史百分位是88%，说明当前的估值比它历史上88%的时间都要高，可以说是处于较高估的区域了，所以不是一个很好的买点。另外，这个方法也可以用于基金投资，例如我们之前讲过的沪深300指数，它反映的是大盘股的整体表现。

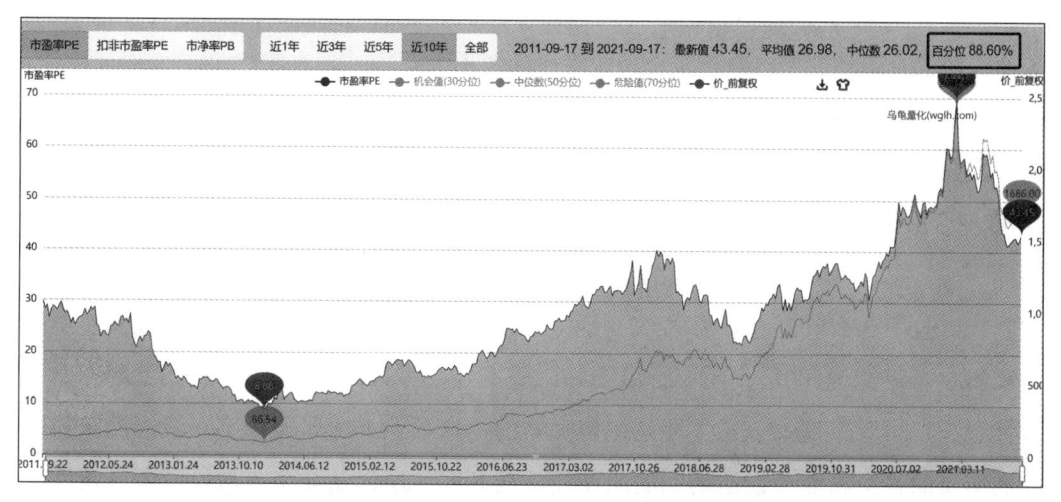

图9.3　市盈率百分位（数据来源：乌龟量化）

如图9.4所示，沪深300指数的市盈率百分位为67%，估值处于中等偏高。如果你投资的基金是沪深300指数基金，这个指标就非常具有参考性。一般来说，市盈率百分位30%以下是很好的买入时机；70%以上就属于估值较高区间；90%以上就比较危险。即使没有投资指数基金，指数的市盈率百分位仍然是一个重要的参考指标。比如基金投资风格是大盘价值股，就可以以沪深300指数的市盈率百分位做参考；如果基金投资风格是大盘成长性，那么可以以创业板指数做参考；如果是中盘风格，可以以中证500指数做参考。

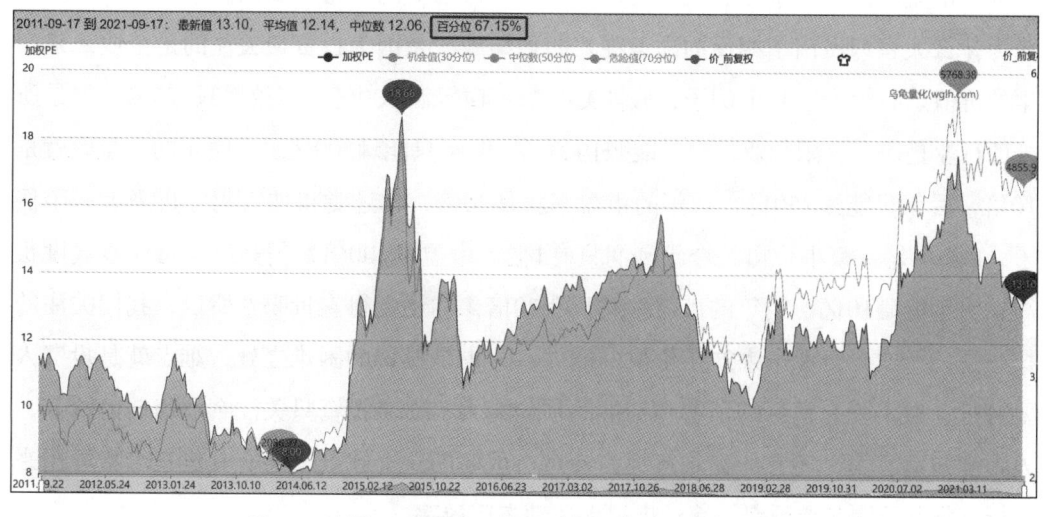

图9.4　沪深300市盈率百分位（数据来源：乌龟量化）

对于基金投资来说，掌握上述的两种方法就够了，其实市盈率更多应用于股票投资，在这里就不展开讲了。

讲完了市盈率的实操和优点，我们来聊聊市盈率的缺陷。

第一，企业的净利润可能是负数。这种情况就无法作为参考了。当然，指数的市盈率一般都是正的，所以对于基金投资来说问题不大。

第二，净利润包含了很多非经营性项目，不能反映企业盈利的实质。假设A公司是一家制造和销售啤酒的公司，今年主营业务赚了20亿，但是A公司前几年因为资金充裕，买了不少股票，今年运气特别好，赶上了牛市，结果靠买股票就赚了100亿元。这样一来，总利润就达到了120亿元，市盈率就变得很低，很多不明就里的朋友一看，"哇，市盈率这么低，赶紧买啊！"所以我们要思考一个问题，这100亿的利润质量真的高吗？今年能赚100亿，明年行情不好，搞不好要亏100亿，像这种利润就叫作非经常性利润。再者，这家公司主要是销售啤酒的，这项业务才是最稳定、最能反映公司盈利实质的，主营业务创造的利润叫作经常性利润。所以从一个外部投资者的角度来看，更应该关注的是经常性利润。很多朋友可能会觉得要弄清楚各种利润还要去看财务报表，这个过程比较烦琐和复杂，但是也不要紧，因为还有一个指标——扣非市盈率。它的意思就是将非经常性利润扣除后算出来的市盈率，这个指标相对更能反映企业的盈利实质。所以，我也推荐大家多关注这个指标。

第三，市盈率反映的是当前的估值。我们要思考一个问题，为什么有些股票利润非常高，而且业务也非常稳定，但是市盈率却非常低，比如可口可乐。反观另外一些股票，利润并不高，但是市盈率却有几百倍，而且股价还能一直涨，比如特斯拉。按道理，市盈率低的股票更有吸引力，应该去买低估值的股票，卖出高估值的股票，但是为什么大家却做出了相反的决策呢？归根结底，是因为投资最关注的是企业未来产生的价值。我给大家举个例子，假如A公司一年能赚1000亿，市盈率只有5倍，但是所处的行业是一个夕阳行业，今年能赚1000亿，明年只能赚500亿了，明年的市盈率就是10倍，后年只能赚250亿，后年的市盈率就是20倍，你还觉得便宜吗？再来看一个例子，B公司是一家小公司，今年利润只有1亿，市盈率200倍，但是这个行业景气度很高，明年能赚10亿，明年的市盈率就只有20倍，你还觉得它贵吗？所以，我们关注的核心是公司或者行业未来产生价值的能力，这也是投资的困难之处，难点就是投资人要对行业对个股有精深的了解和精准的预判能力。如果投资只关注企业当前的价值，人人都知道答案，还有什么难点呢？针对市盈率的这个缺点，还有其他三个指标用来分析，分别是静态市盈率、滚动市盈率和动态市盈率。

（1）静态市盈率，它是用股票当前的总市值/过去一年的净利润。例如，现在是2021年8月，A公司的市值是1万亿元，整个2020年的净利润是500亿元，静态市盈率就是20倍，平时我们说的市盈率默认就是静态市盈率。

（2）滚动市盈率，它是用股票的总市值/最近12个月的净利润。比如A公司的市值是1万亿元，最近12个月的净利润是600亿元，滚动市盈率就是16.6倍。

（3）动态市盈率，它是用股票的总市值/分析师预测的整年净利润。比如A公司市值1万亿元，分析师预测今年的净利润是800亿元，动态市盈率就是12.5倍。

我们将三个指标归纳一下：静态市盈率反映的是过去的估值；滚动市盈率反映的是现在的估值；动态市盈率反映的是将来的估值。

理论上来说，一家公司的静态市盈率 > 滚动市盈率 > 动态市盈率。因为正常的公司利润都是持续增长的，所以估值也会逐渐降低。如果一家公司的市盈率和上述情况相反，说明这家企业在市场上的竞争力会越来越差。因此，我们不仅要关注静态市盈率，滚动市盈率和动态市盈率也非常重要。还有一点要说明，一般的证券软件上显示的动态市盈率并不是完全准确的，例如，2021年8月，很多公司的二季度报已经公布，假如A公司的半年利润是500亿，证券软件会直接将500亿乘2等同于今年预测的总利润。但是实际上，因为大部分公司的利润并不是均匀分布于4个季度，尤其是一些周期性行业，上半年利润和下半年利润的差别很可能非常大。那么我们怎么去找到分析师预测的全年利润呢？国内的Wind、Choice和国外的Bloomberg都可以查到这方面的数据，不过这些软件都是收费的。

第四，利润容易被操纵。说到这里，很多股民朋友可能深有体会。有一些无良的上市公司为了推高股价，就会铤而走险虚增利润，造成一种公司基本面良好的假象，实际上早已危机重重，这时的市盈率就是虚假的。

4.2 PEG

现在我们来讲一讲市盈率的衍生工具——PEG。著名的投资大师彼得林奇非常喜欢使用PEG这个指标来选股，也使得这个工具举世闻名。PEG是由英国投资大师吉姆·斯莱特发明的。吉姆的一生非常的传奇，他在1963—1965年，获得了高达68%的收益率，远远跑赢大盘。但是在1975年的金融风暴中，由于过度加杠杆导致破产。在沉寂了17年之后，他重出江湖，赚得了比以前更多的财富。他在自己的畅销书《祖鲁法则》中详细提到了PEG这个概念，感兴趣的朋友可以去翻阅这本书。

说回PEG，其实它的理念和公式都很简单，就是在PE的基础上，多考虑了企业的成长性。PEG的计算公式为：

$$PEG = \frac{PE（市盈率）}{G（净利润增长率 \times 100）}$$

从公式中可以看出，G越高，PEG就越小。一般来说，1是分界点，PEG < 1，说明企业的增长率比市盈率高，企业被低估；PEG=1，说明估值合理；PEG > 1，说明企业被高估。其实PEG也能用于解释为什么有一些高PE的公司股价反而一直涨。例如，一个公司的PE为200倍，但是每年的利润增速是300%，PEG就是0.67；今年的PE是200倍，明年就是50倍，后年就只有12.5倍。你还觉得200倍的市盈率高吗？所以高市盈率不是问题，只要有与之相符的增长率，也是一个好企业。

另外，PEG也能运用于基金投资中，假设投资了某消费型基金，就可以用全指消费这个指数来做参考。

图9.5显示了全指消费指数的PEG，可以看到，当前的数值是5，这就是严重高估了。我们也可以查看它的历史数据，历史平均的PEG是1.18，还算合理，当前的PEG历史百分位是97.8%，说明它比历史上97.8%的时间还要高，也是严重高估。这个时候就要考虑止盈了，当然也需要根据其他指标做进一步的辅助判断。

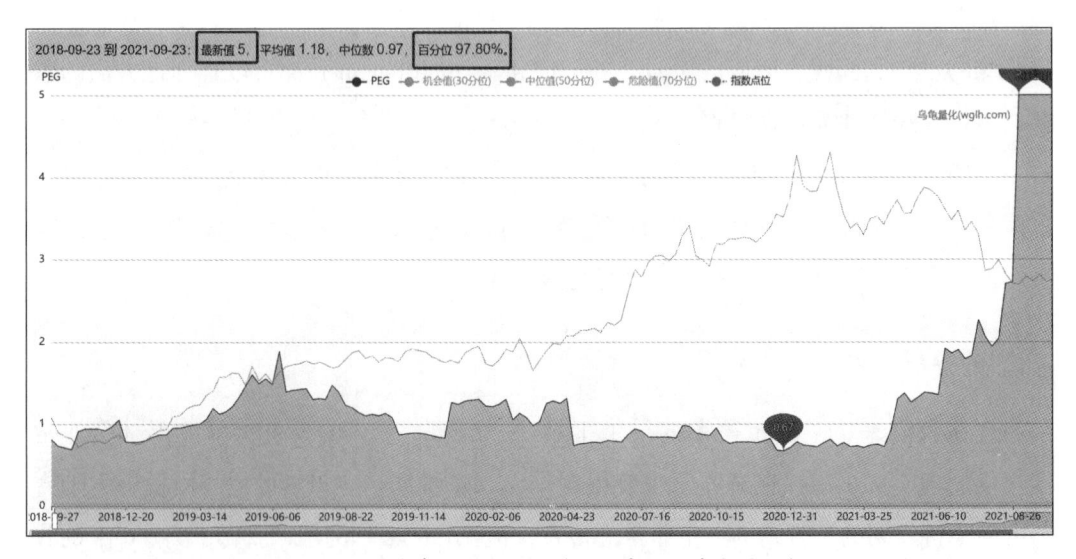

图9.5 全指消费指数的PEG（数据来源：乌龟量化）

PEG和静态市盈率一样，它只考虑了现在的增长率，没有考虑未来的增长率。假如最近经济情况特别好，很多公司的增长率可能非常高，但是这也可能是一个特殊现象，并不能长期维持。现在看似PEG很低，明年、后年的增长率也可能会放缓，这样一来PEG又会增高。有什么解决办法吗？和动态市盈率一样，我们可以去找找分析师和券商对未来增长的预期。尽管PEG有这个缺点，却仍然瑕不掩瑜，它也是我最喜欢使用的指标之一。

4.3 市净率（P/B）

市盈率是用企业的净利润充当分母，而市净率则是用公司的净资产充当分母，计算公式为：

$$市净率（P/B）= \frac{每股股价（Price）}{每股净资产（Net\ assets\ per\ share）}\ 或市净率（P/B）= \frac{总市值}{公司净资产}$$

为什么要使用市净率这个指标呢？要搞清楚这个问题，就得先了解什么是净资产。对财务报表稍有了解的朋友们都知道，一个公司的财报分为三项，即资产、负债、所有者权益。左边是总资产（Assets），它表明的是整个公司拥有的资产，比如货币资金、存货、工厂都在这一项。右边是总负债（Liability）和所有者权益（Equity）。总负债也很好理解，就是企业欠债。公司扩张，可能会去找银行贷款，也可能发行债券，这些项目都计入总负债这一项。所有者权益也叫净资产，它是指总资产减去总负债之后的价值。为什么叫所有者权益呢？因为企业的所有权是属于全体股东的。在扣除了总负债之后，净资产就是归属于全体股东的价值，所以才叫所有者权益。

该如何理解市净率呢？举个例子，假如A公司的股价是10元，每股净资产是2元，市净率就是5，也就是说你为了获得2元的净资产，花费了10元，溢价了5倍。换句话说，市净率就是为了获得股票的净资产所付出的"溢价"，从这个逻辑来看，市净率和市盈率一样，越低越好。

接着讲讲市净率的优点。

第一，企业的净资产基本都是大于0的，所以市净率在绝大部分情况下都可以计算出来。如果出现资不抵债的情况，净资产可能会等于0，不过这种情况非常罕见。

第二，净资产通常会比净利润稳定，所以市净率也会比市盈率稳定。这一点非常重要，对于一些特定的行业，使用市盈率估值会有很大的问题。比如周期性行业，这种行业的利润受经济情况的影响非常大，经济景气的时候赚得多，经济不景气的时候可能还会亏钱。所以对于周期性行业来讲，在经济周期最强劲的时候利润最高，市盈率也最低。不明所以的投资者反而会觉得这个时候的估值较低，殊不知最赚钱的时候可能快要过去了。反之，在经济不景气的时候，利润很低，市盈率很高。这个时候往往是买入的机会，因为下一轮经济增长可能即将开始。因此，一般来说，我们较少用市盈率给周期性行业估值，使用市净率就不会有这个困扰，因为净资产的波动要比净利润低得多。

第三，市净率比较适用于给金融机构估值，比如银行、保险、券商。要理解这个问题，首先要了解两个概念，账面价值（Book Value）和公允价值（Fair Value）。

账面价值一般是资产在财务报表上记录的价值，而公允价值则是这种资产在市场上认可的价值。举个例子，A公司在20年前投资了一块土地，这块土地当时的价格是1000万美元，这就是账面价值。20年过去了，这块土地已经上涨到1亿美元，这就是公允价值。所以，从理论上说，公允价值最合理，但是在A公司的财报上，依然记录的是1000万美元的账面价值。这与市净率有什么关系呢？因为在市净率计算中使用的净资产都是账面价值，所以如果一个公司的账面价值和公允价值相差很大，市净率这个指标就不准确了，比如教育公司和互联网公司。教育公司的绝大部分资产是人力资源，这种资产的公允价值和实际价值差异很大；互联网公司，有很大一部分资产都是专利、商标、版权等无形资产，这种资产的公允价值很难确定，和账面价值的差异也很大。但是，市净率非常适合给金融机构估值，因为金融机构的大部分资产都是流动资产，比如货币、金融产品，这种资产的公允价值和账面价值基本没有太大差异。

接着我们讲市净率存在的一些问题。

第一，账面价值和公允价值差异较大。

第二，由于会计准则的不同，市净率的统计口径可能会不太一样。目前，国际上有两套主流的会计准则，国际会计准则（IAS）和美国通用会计准则（US GAAP）。这两套准则的会计方法有一些不同，我国的会计准则和国际准则差别并不大。所以如果要比较使用不同会计准则的公司，市净率可能会有一点问题。比如A公司是一家制造啤酒并且使用国际准则的上市公司，B公司同样是一家制造啤酒但使用美国准则的公司，你需要将两种会计准则调整一致后再进行比较，但是这个问题对我们影响不大，因为我们绝大部分投资都是以A股市场为主。

由于本书是以基金投资为主，在相对估值法中，只需要掌握好市盈率和市净率这两种方法就足够了，另外还有两个指标——市销率和企业价值倍数，更多用于个股的投资，感兴趣的朋友可以自行学习。

至此，相对估值指标这部分就讲完了，其实估值这件事既是科学也是艺术。随着投资经历的不断丰富，大家对估值的理解也会越来越深。

第十章 定 投

股市中一直有"一赚二平七亏"的说法,也就是说只有一成的股民是赚钱的,二成股民能勉强保本,七成股民则是亏钱的。这个说法虽然没有得到验证,但表明散户在股市中的胜算确实很低。因为专业能力、心理素质等因素的制约,大部分散户都很难赚钱。我身边的很多人,买件几百元的衣服要货比三家,仔细考虑,但是几十上百万买一只股票却只用几秒钟就能做出决定,很多人甚至连这只股票是做什么业务的都搞不清楚。这种投入怎么可能赚钱呢?那么买基金的胜算会高一些吗?基金毕竟是专业的投资经理在打理,要靠谱一些,但是哪怕选到了一支好基金,基民也可能是不赚钱的。

我们以易方达蓝筹精选混合这支基金为例。这是一支大牛基,3年间为投资者赚取了143%的收益,仅2020年就获得了95%的收益率。但是整个2020年,只有不到13%的基民在这支基金上赚到了钱,近80%的基民亏损幅度在5%以上!为何会出现这种奇特的现象呢?其原因就在于很多人买卖基金频繁操作、追涨杀跌。所以,要想赚钱,就必须坚定地长期持有。但是说起来容易做起来难,面对亏损和盈利,极少有人能控制住自己内心的波澜。在这种情况之下,一种全新的投资方法横空出世——基金定投。见图10.1。

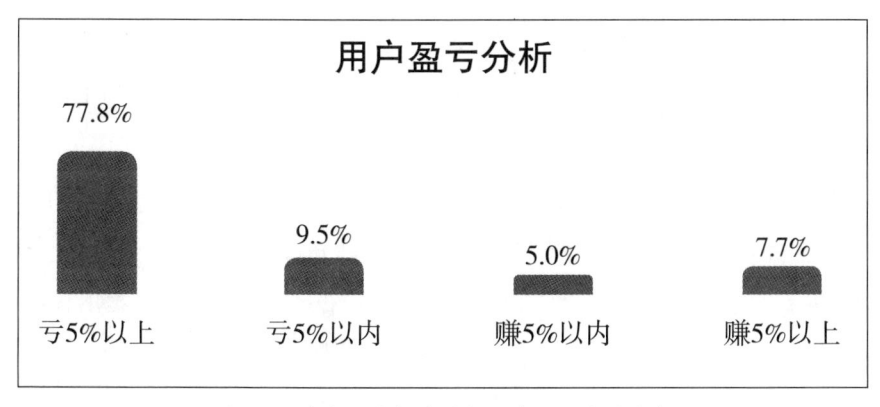

图10.1 基金亏钱概率(数据来源:支付宝)

基金定投的本质是什么？基金定投真的能100%赚钱吗？本章我们将揭开定投的神秘面纱。

1 定投的起源

定投的发明者是大名鼎鼎的人物——"股神"巴菲特的老师本杰明·格雷厄姆。基金定投首次出现是在他1949年发表的著作《聪明的投资者》中。在书中，他提出了"美元成本平均法"。这个方法其实很简单，比如一个普通的工薪族，每月都能拿到工资收入，无论股市的行情是好还是糟，他都定期将一笔钱投资于一只或多只股票，长年累月坚持下来，收益惊人。如果在1929—1948年这20年里对道琼斯工业指数的30只股票使用"美元成本平均法"投资，平均的年化回报率在8%左右，是不是感觉不是很高？但是如果我告诉你，这20年间整个道琼斯指数下跌了41%，你还会觉得8%的年化回报率低吗？

2 定投的原理

定投的原理十分简单，就是通过长期进行定期（定额或不定额）的投资摊平持仓成本。长期来看，定期投资可能在所投基金的价格高点、低点和中间点都有投资，因此，投资成本趋近于基金价格的中位。我们知道，股市的牛熊市总是交错来临，这是历史的基本规律，那么投资者只需耐心等待，在牛市来临时停止定投并且在牛市疯狂时卖出，就能获得一笔不菲的回报。

我们以图10.2的例子来看看定投到底是怎么赚钱的。从表面上看，第1期的时候基金净值为8，第7期的时候净值也为8，如果一次投入以后一直持有，看样子是不赚不亏的。那么，如果采取定投的方式，能赚钱吗？从图中可以看出，如果坚持定期投资，持有的成本是不断降低的，这个原理很简单，就是在基金下跌过程中不断补仓，分摊了持仓成本。

从图10.2中可以看出，虽说在下跌过程中的持有成本依然高于基金净值，但是如果能坚持定投并等待到反弹，定投在低位买到的筹码就是一笔宝贵的财富，从第5期开始，我们的持有成本就低于基金的净值了，如果定投到第7期结束并卖出，能获得近1倍的回报！

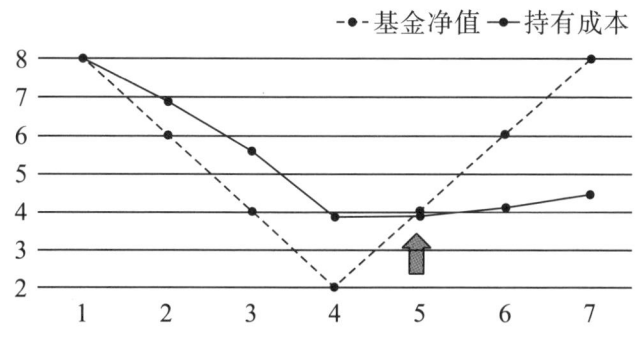

定投期数	基金净值	定投金额	购买份额	持有份额	持有成本
1	8	1000	125.00	125.00	8.00
2	6	1000	166.67	291.67	6.86
3	4	1000	250.00	541.67	5.54
4	2	1000	500.00	1041.67	3.84
5	4	1000	250.00	1291.67	3.87
6	6	1000	166.67	1458.33	4.11

图10.2　定投测算

3 定投的优点

定投主要有三大优点。

第一，不考虑择时。投资中最大的难题就是不知道何时是低点，何时是高点。而大多数投资者，总是高估自己的能力，认为自己能在最低点买、最高点卖，但结果往往相反，由于过度自信，最后一地鸡毛。所以要认清一个现实，即便是最优秀的投资者，也没有百分百的把握判断股价的高低点。因此，普通投资者采取定投，放弃择时是个可以考虑的选择。只需要根据前面讲述的策略，挑选出几支优秀的基金，并且坚持下去，就可能获得令人惊喜的收益。

第二，策略简单，对投资者的投研能力要求较低。即使没看过与基金相关的书，即使对基金只有一些基础的认识，也可以随意挑选一支指数基金进行定投，比如沪深300指数、上证50指数、创业板指数等。如果具备一定的基金知识，则可以选择主动管理型基金进行定投。另外，操作也非常方便，在天天基金网、支付宝等第三方基金销售平台只需几分钟便可设置好自己的定投计划。

第三，强制储蓄。很多人并没有接受过理财教育，所以往往缺乏金钱管理能力，如今的"月光族"普遍就是因为缺乏这种能力或理财意识，定投就很好地解决了这个问题。比如每月到手工资1万元，除去日常开销3000元，还剩下7000元的可支配收入，就可以根据自己的情况拿出一部分去定投，比如每月定投3500元。这样就起到了强制储蓄的作用，想乱花钱都不行。为了更好实现强制储蓄，还可以定时定投，比如每月10日发工资，那就可以把定投日设置在每月11日，杜绝乱花钱的可能性。所以，定投也是一种非常适合工薪族的投资策略。

4 定投的条件

接着要讲本章的核心问题了，定投真的百分百赚钱吗？其实稍加思索就能得出答案——不可能。事实上，只有投资国债可以看作是无风险投资，甚至银行存款都有风险，何况基金这种大量投资股票的高风险产品。我们需要搞清楚的是，定投只是一种交易策略，真正赚钱的还是在基金本身。当然，如果能满足以下的三个条件，定投赚钱的概率确实很大。

4.1 股市走势长期向上

上文中我们讲过，定投的优势之一是不用考虑择时，通过长期投资获得平均成本，并在股市的牛市赎回获取回报。

图10.3是美国纳斯达克指数的长期走势图，尽管指数短期的波动非常大，2020年甚至发生过多次"熔断"，但是拉长来看，整体的走势是向上的，近20年翻了十几倍。在这种市场中，如果能长期定投，赚钱的机会非常大。

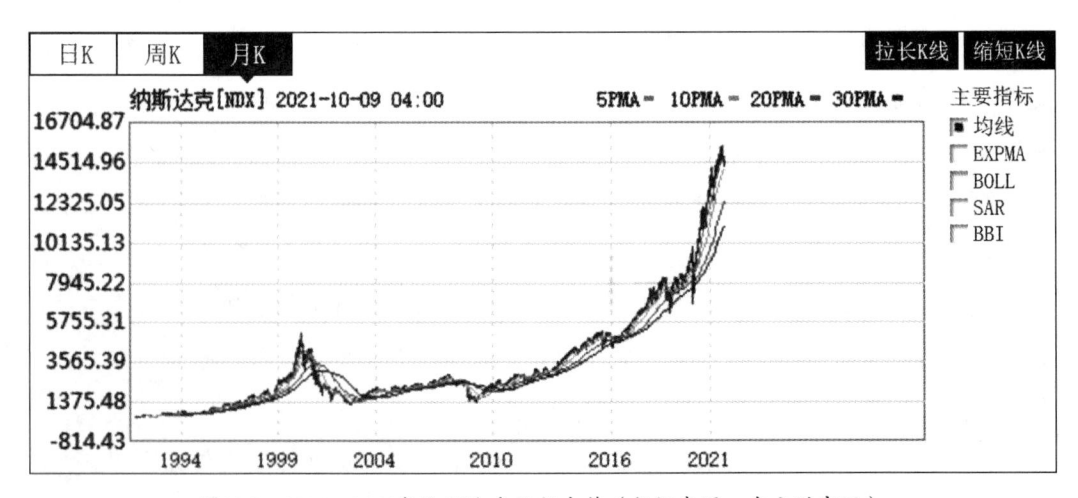

图10.3 1994—2021年纳斯达克指数走势（数据来源：东方财富网）

图10.4是日本日经225指数走势图,由于房地产崩盘,日本股市在1989年创下38957点的历史纪录后便一泻千里,直到现在也未能恢复到巅峰时刻,在这30多年里日本经济步履艰难,被日本人称作"失去的30年"。在这种市场中,无论定投的技术有多么高超,也未必能赚钱。这是一个非常残忍的局面,这也说明,投资必须要顺势而为才有成功的可能,在整体的大势前,个人的努力是微不足道的,对于定投来说,股市的长期走势就是大势。

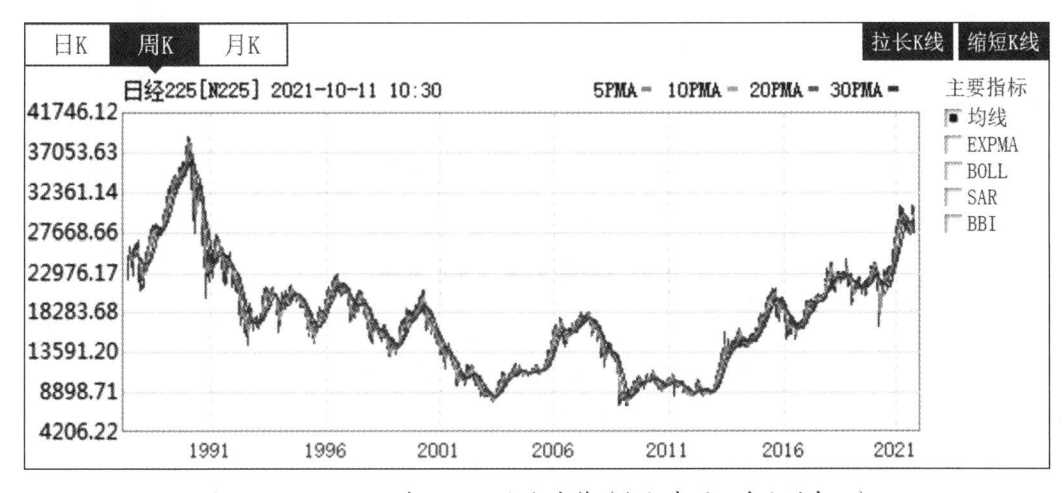

图10.4　1991—2021年日经225指数走势(数据来源:东方财富网)

我国股市的长期走势如何呢?这里以沪深300指数为参照物做一点分析。在2006—2021年这15年间,指数从1000点上涨到5000点左右,翻了近5倍,长期走势也是向上。但是不同于纳斯达克指数和日经225指数,沪深300的波动性要明显大得多。在2007—2009年,指数曾从1000多点涨到了5000多点,但是又在很短的时间内下跌到2000点。

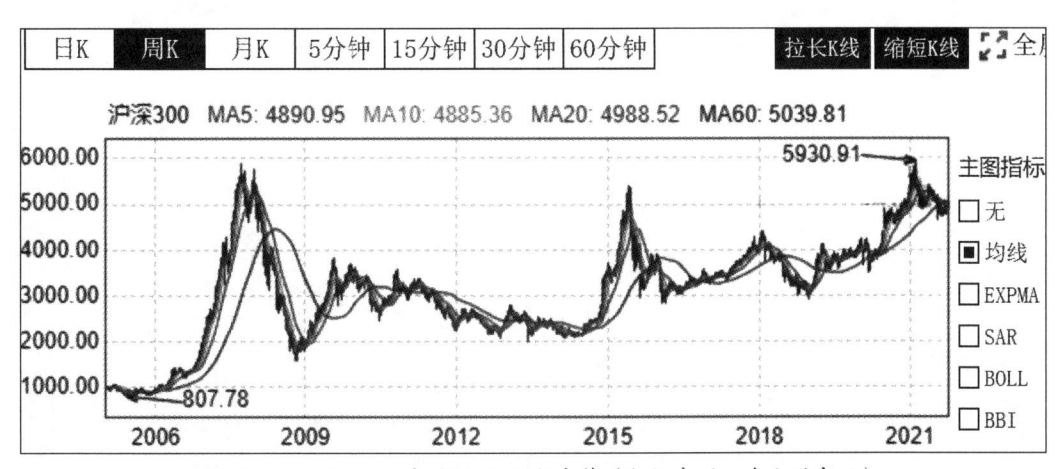

图10.5　2006—2021年沪深300指数走势(数据来源:东方财富网)

2014—2016年这轮周期的情况也差不多。因此，对于A股，做定投的难度会更大一些，因为必须在合适的时间止盈，否则收益会相差非常多。见图10.5。

鉴于这种波动，A股是不是就不适合普通投资者长期定投呢？其实也不尽然。从发达国家的经历来看，股市的长期表现和国家的经济发展呈强正相关。近40年来，我国经济增长突飞猛进，在1978—2018年这40年里，我国GDP年均增速9.5%，累计增长244倍，创造了人类经济的奇迹！问题来了，我国经济增长如此迅猛，股市也应该走出几十年的大牛市才对，为什么波动会这么大呢？其根本原因是我们的金融体系建立时间不长，还有很多不成熟的地方。从1989年中国股市开始试点，到现在也只有32年的时间，反观欧美发达国家，股票市场已经有了几百年的历史，我们的资本市场用几十年走别人几百年的路，当然会有一些问题。老股民都知道，中国股市长期以来都喜欢炒作，炒概念、炒题材层出不穷，这从另一个角度也反映出我们的投资者不太成熟和专业。近年来，监管部门出台了一系列的金融改革政策，管理能力逐渐提高，投资者也日趋成熟和理性，公募基金的保有量已经接近24万亿元人民币，专业投资机构在A股的话语权越来越高，再加上中国经济稳步发展，相信中国股市在未来也能走出一个几十年的大牛市，长期定投能取得不菲的收益。

4.2 选对定投的基金

除了股市的走势要长期向上，定投的基金也非常重要。我们来看看下面两个例子。

图10.6是中证消费指数近10年的走势，整个指数在这段时间翻了30倍。如果定投这支基金，毫无疑问应该有丰厚的回报。

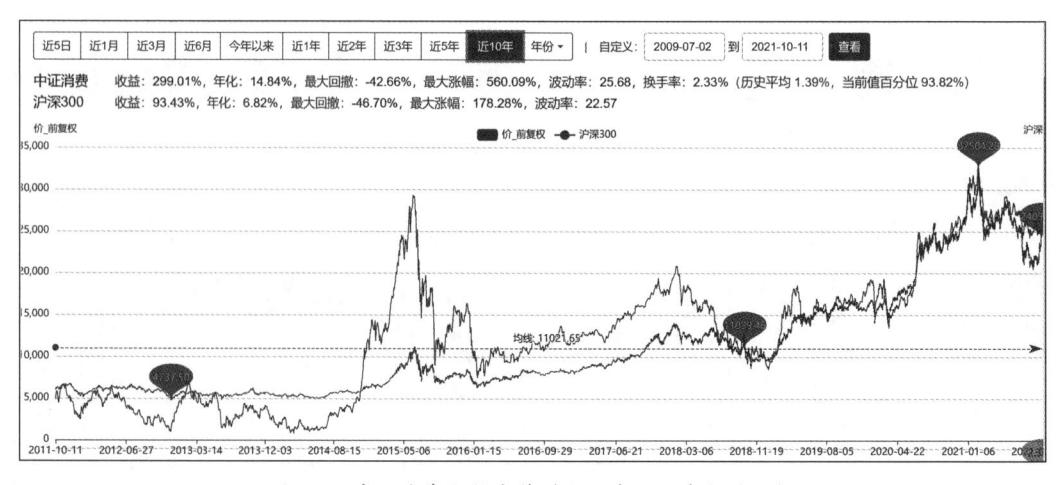

图10.6 中证消费指数走势（数据来源：乌龟量化）

图10.7是中证传媒指数近5年的走势，5年间整个指数下跌了53%，定投这支基金，技术再精湛可能也赚不到钱。所以，即使是在一个长期向上的大背景下，选择不同的基金，结果也是不同的。

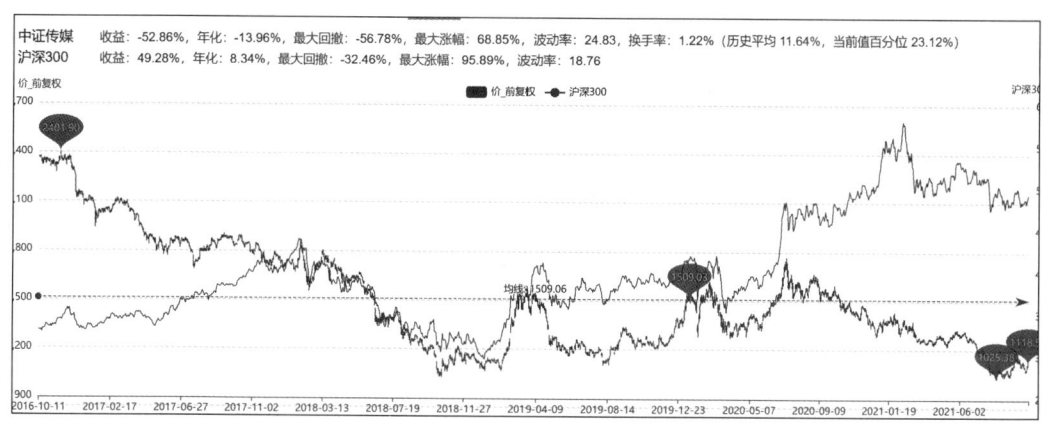

图10.7 中证传媒指数走势（数据来源：乌龟量化）

为什么会出现这种情况呢？因为投资的行业不同，前面已经讲过，消费、科技和医药这三种行业的投资价值最大，因为它们要么直接提升人类的生产力，要么可以满足人类的基本需求，所以长期走势一定是向上的。但是传媒行业，受内外部的影响非常大，能否长期上涨不好把握。所以要想在定投中赚钱，对基金和行业都要有非常深刻的认知。

4.3 长期持有

选对了市场，选对了基金，定投也不一定能赚钱。之前一段时间，很多朋友跟我抱怨"定投的基金不行，我都亏了好多钱了""定投都是骗人的"诸如此类的话。详细了解后才知道，原来大部分人投资一两年，甚至几个月看不到效果或者账户出现亏损，心理承受不了就卖了。出现这样的情况，归根到底就是没有真正理解定投。以中国股市为例，一个牛熊市周期大概在5—7年，如果在熊市开始定投，一两年内出现亏损是非常正常的，很可能几年的收益大部分是熊市结束以后的一两个月贡献的，所以要做的就是耐心等待。比如前面讲的中证消费指数定投，从2016年开始定投，在2017年、2018年都赚不到钱。如果这时候退出了，必然是亏损。但是如果能坚持到2020年，整体收益至少赚1倍。

定投需要信心与耐力，这不是一场短跑，而是一场马拉松，只有耐得住寂寞，才能品尝到甜蜜的果实。

5 定投的金额

首先要明确的一点，定投的资金一定是长期不用的资金，一旦支取就前功尽弃，所以定投金额的设定也是一门学问。我的建议是，定投的金额不要超过可支配收入的50%。例如你每月的收入是1万元，每月必要的开支是4000元，那么，可支配收入就是6000元，拿定投的金额就不要超过3000元。另外，我们也可以使用反推法来设置定投金额。例如你现在25岁，预计65岁退休，还有40年的工作时间。由于你的风险承受能力较强，预计定投的年化回报率是12%，你的理想状态是在65岁拥有1000万的资产，那么，通过目标我们可以反推出需要定投的金额，互联网上有很多类似的定投计算器，可以自行搜索使用。其实定投的力量是非常强大的，只要时间期限拉得够长，获得的回报十分惊人！

如图10.8所示，如果每月定投3000元，投资40年，投资本金只有144万元，但是40年后本金加收益竟有足足3564万元！所以从心态上我们也要准备好，要做好打持久战的准备，如果坚持不到7年以上，那就不要开始。

定投用途：	储蓄养老 ∨	
每月定投金额：	3000	元
定投年限：	40	年
风险承受能力：	高 ∨	
预期平均年回报率：	12	%

[计算] [清空]

计算结果：
投资总投金额：1440000.00 元　　　预计到期总金额 35647260.71 元

图10.8　定投计算器（数据来源：华夏基金官网）

6 定投基金的选择

现在讲什么样的基金适合定投。前面讲了定投的基本原理，通过长期定期（定额或不定额）的投资摊平持仓成本，随后在牛市中卖出获利。因此，最基本的要点是要选择波动率大的基金，因为波动率小的基金无法通过定期投资来摊薄成本，长期定投获得的成本可能跟一次性买入的成本并没有太大的不同，还不如一次性买入省时省力。

图10.9是某纯债基金近5年的净值走势图。从图中可以看出，基金的净值在1.05—1.15之间波动，波动率非常小，所以定投这种基金对平摊成本没有意义。再者，波动率小的基金在牛市中的涨幅往往也不会很大，这支纯债基金就是个典型的例子，在2019—2020年的牛市中基本也没有什么涨幅。

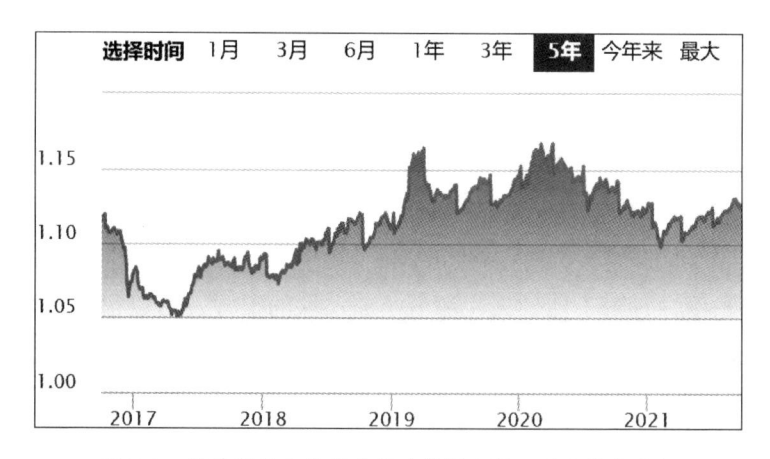

图10.9　某债券基金净值走势（数据来源：天天基金网）

图10.10是某股票型基金近3年的净值走势图。3年净值的波动率超过200%，如果从2018年开始定投这支基金，相信已经获得不菲的回报。结论很明显，债券型和货币型基金波动率较小，不适合定投；股票型、混合型以及指数型基金是最适合定投的基金。那么这几种类型的基金，哪一种最靠谱呢？

图10.10　某股票型基金净值走势（数据来源：天天基金网）

关于指数基金，基金经理只能根据追踪的指数去配置股票，没有主动选股的权利，所以指数基金的长期走势和所追踪的指数基本是一致的。由于排除了人为干扰，基金的涨跌完全取决于追踪的指数，所以指数基金也被称作被动投资型基金。股票型和混合型基金，是基金经理根据自己的偏好去选股和择时，基金的表现完全取决于基金经理的水平，所以也被称作主动管理型基金。最近，投资界有一种说法非常受追捧，"定投指数基金是最靠谱的投资策略""主动型基金完全没用"，这种说法的理论依据来源于著名的"巴菲特赌局"。

6.1 巴菲特赌局

"股神"巴菲特在Longbet.org上立下一个赌约：从2008年1月1日开始的10年期限中，标普500指数的回报表现会击败复杂深奥的对冲基金！这个事一传出来，整个美国投资界是一片哗然！要知道对冲基金经理都是万里挑一的投资大师，如果管理的对冲基金连指数都跑不过，对于他们来说那可是赤裸裸的羞辱。所以很快就有一位对冲基金经理接受了挑战，并且选取了5支对冲基金作为自己的投资组合，10年以后，这个赌约谁赢了呢？

图10.11就是10年之后标普500指数基金和5支对冲基金的业绩表现。10年后，标普500获得了125.8%的总回报，平均年化回报率8.5%；5支对冲基金分别取得21.7%、42.3%、87.7%、2.8%和27%的总回报，平均年化回报分别只有2%、3.6%、6.5%、0.3%和2.4%，没有一支跑赢标普500指数！这个结果出乎所有人的意料，为什么看似深奥、专业的对冲基金，却连指数也跑不过？

Year	Fund-of-Funds A	Fund-of-Funds B	Fund-of-Funds C	Fund-of-Funds D	Fund-of-Funds E	S&P Index Fund
2008	-16.5%	-22.3%	-21.3%	-29.3%	-30.1%	-37.0%
2009	11.3%	14.5%	21.4%	16.5%	16.8%	26.6%
2010	5.9%	6.8%	13.3%	4.9%	11.9%	15.1%
2011	-6.3%	-1.3%	5.9%	-6.3%	-2.8%	2.1%
2012	3.4%	9.6%	5.7%	6.2%	9.1%	16.0%
2013	10.5%	15.2%	8.8%	14.2%	14.4%	32.3%
2014	4.7%	4.0%	18.9%	0.7%	-2.1%	13.6%
2015	1.6%	2.5%	5.4%	1.4%	-5.0%	1.4%
2016	-3.2%	1.9%	-1.7%	2.5%	4.4%	11.9%
2017	12.2%	10.6%	15.6%	N/A	18.0%	21.8%
Final Gain	21.7%	42.3%	87.7%	2.8%	27.0%	125.8%
Average Annual Gain	2.0%	3.6%	6.5%	0.3%	2.4%	8.5%

图10.11 巴菲特赌局（数据来源：伯克希尔哈撒韦2017年致投资人信）

6.2 市场有效性假说

要搞清楚这个问题,就必须了解一个基础理论——市场有效性假说,这个理论对欧美资本市场的影响非常大。这个理论认为,在一个完善的股票市场,一切影响股价的信息都及时和充分地反映在股价之上。简单来说,所有的股票定价都是公允的,股票的价格和其内在价值是一致的。大家想一想,如果该假说成立,你能赚到超额收益吗?很显然不能,无论你的投资能力有多强,都无法找到被低估的股票,在这种市场格局之下,我们只能寻求被动型投资策略,也就是投资指数基金。当然,在实际中,完全有效的市场是根本不可能存在的,因为一个完全有效的市场要求市场上的所有参与者都是理性、聪明、客观和专业的,但是这一点很显然达不到。

实际上,有效市场也分为三种形态,分别是弱势有效市场、半强势有效市场和强势有效市场,市场的有效性依次提高。尽管完全有效市场不存在,但是由于每个国家资本市场的成熟度不同,有效性肯定也不一样,为什么巴菲特最终赢得了赌局?因为美国股市有非常高的成熟度,相关法规、透明度、交易成本以及市场参与者都比较成熟,所以市场的有效性就高。在这种市场,想要获得超额收益非常难。实际上,美国大部分的主动管理型基金都跑不过指数。

6.3 指数基金适合中国股市吗?

看样子投资指数基金确实是一个胜算较高的方式,前提是在有效性较高的市场。那么中国市场符合这个规律吗?

图10.12是中证500指数基金和某中证500指数增强型基金的收益对比。很明显,指数增强型基金的收益要远远高于被动指数型基金,导致这种结果的根本原因在于中国股市和美国股市的有效性不同。美股由于历史较久,各方面都比较成熟,市场的有效性也较强,所以只有少部分的主动型基金可以跑赢指数。而A股的情况恰恰相反,由于各方面的体制还不是很完善,且散户在A股的比重非常高,他们的专业性和心理素质明显较弱,所以A股股票被错误定价的情况比比皆是,市场有效性就比较低,专业投资者获取超额回报的可能性就要显著高于欧美股市。

著名的基金评级机构晨星曾统计过指数基金和主动基金的业绩表现(见图10.13),截至2019年底,持有主动基金一年,战胜指数的概率高达75%。如果把持有期拉长到10年,指数战胜率高达78.2%。所以我们可以得出一个结论:对于中国股市,定投主动管理型基金的胜率比指数型基金更大。投资不仅是一门科学,还是一种

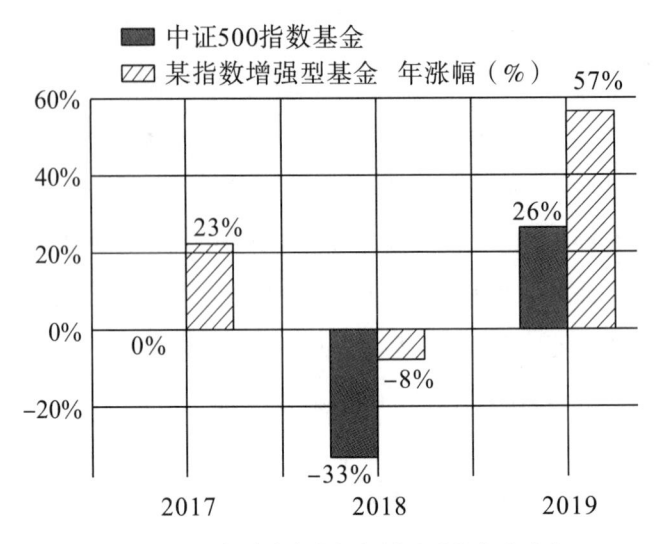

图10.12 指数型基金和指数增强型基金的对比

艺术，我们要学会随行就市，很多优秀的策略都有各自的前提和假设条件，当某些前提和假设条件发生变化时，某些策略也会失效。讲到这里，很多朋友可能会有一个疑问，未来中国股市的有效性会和美股一样吗？答案是肯定的，我们的股票市场肯定会越来越成熟，赚取超额收益也会越来越难。有经验的朋友们可能已经发现，最近这两年赚取超额回报的难度明显比以前大得多，这表明我们的市场进步得非常快。当然，要想达到美股的有效性，还有非常长的一段路要走。我认为，在10年之内，主动管理型基金比指数型基金的胜率要高。

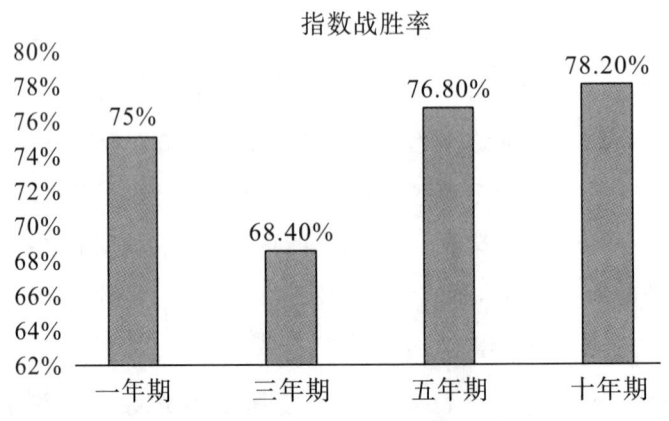

图10.13 指数战胜率（数据来源：晨星网）

给大家三点建议：

第一，不要选择指数型基金；

第二，可以选择主动管理型基金搭配指数增强型基金；

第三，不要选择债券型基金和货币型基金。

第十一章
基金投资组合

1981年，诺贝尔经济学奖得主詹姆斯·托宾说："鸡蛋不要放在一个篮子里。"意思就是分散投资降低风险。也许有人会说，组合中有很多支基金，里面肯定有表现好的，也有表现差的，直接选支表现好的基金，收益肯定比整个组合的收益高。有这种想法说明对风险的理解还是不够到位。

1 投资组合理论

我们在前面提到过"风险"。现代金融学中，风险并不等于亏损，而是指波动性，波动性又分为向上波动和向下波动，向上波动就是赚钱，向下波动就是亏钱。换句话说，当一个投资产品有可能会赚很多钱，也有可能会亏很多钱的时候，应该会说，这是一个高风险投资品。

理解了这个概念对投资有什么帮助呢？1952年，美国经济学家马科维茨在其论文中提出了"投资组合理论"，这篇论文对现代金融学有着极其深远的影响，金融学也从1952年起开始高速发展，而马科维茨也因此获得了1990年诺贝尔经济学奖。马科维茨的思想对后世有什么启发呢？

一般来说，投资有两种风险，系统性风险和非系统性风险。

（1）非系统性风险。非系统性风险是由一些特殊因素引起的，不会对整个市场产生太大的影响，比如你投资一张公司债，但是这家公司经营不善，债券违约，你随之血本无归了。再比如你买了一只股票，但是这家公司的经营战略发生重大失误，公司业绩一落千丈，股价也随之崩盘。对于大多数投资者来说，每时每刻都在面临这种风险，组合投资的核心优势就是可以消除非系统性风险。理论上说，一个充分分散的投资组合可以消除非系统性风险。通过基金组合我们可以搭配不同的行业、市值以及风格，这样，非系统性风险就能降到一定的范围。

（2）系统性风险。我们经常可以看到或听到"要防范系统性风险发生"这样的标题或讨论，系统性风险是由很复杂的因素引起的，比如地缘政治、经济周期、经济政策、金融体系等。在系统性风险之下，即使分散投资也很难抵抗风险。系统性风险一旦发生，其后果非常可怕。2008年金融危机，不仅仅是房地产遭受损失，股市、黄金、债券都遭受损失，就连很多非常优质的资产都跌到了白菜价，而且危机还会不断传导。可以判断系统性风险吗？很难。如果能提前预判，系统性风险就不会发生了，就连资深的经济学家、政府监管部分都难以预计系统性风险的发生，普通人更是难上加难了。既然如此，作为普通人，做好投资组合足矣。

2 投资组合的基本原则

接着我们讲讲投资组合的基本原则，理解了这个大原则，投资组合才能做到有效。

2.1 资产的相关性要低

为什么投资中各类资产的相关性要低呢？我们先考虑强相关性的情况。假如你买了两支白酒类的基金，两支基金投资的标的绝大部分都是重合的，所以一支涨另一支也涨，一支跌另一支也跌，这样一来跟你买一支基金也没什么区别。再来看另外一个例子，正常情况下，美元和黄金呈现很强的负相关性，即美元上涨，黄金价格下跌；美元下跌，黄金价格上涨。如果你同时投资了美元和黄金，出现的情况就是一个涨另一个跌，两边的收益亏损刚好抵消，最后也没赚到钱。其实，寻找完全负相关的两种资产去做组合投资是一种对冲的策略，很多专业的投资机构喜欢这么操作，但是对于普通投资者来说意义不大。

通过分析，强正相关和强负相关的资产组合都不太好，所以我们的目标是寻找弱相关的资产去做组合，即一种资产的价格变动幅度和另一种资产的价格变动幅度关系不大。

我们可以从几个角度去思考这个问题。

第一，不同国家、地区的相关性。什么意思呢？如果我们把资产都投资于内地市场，尽管我们可以配置不同的投资品，比如股票、债券、房地产，但是国家的宏观经济、货币政策等因素依然会对所有的资产造成影响。但是如果我们将资产分布于不同的国家和地区，就能消除这方面的影响。比如将大部分资产投资于内地的基金，小部分资产通过QDII基金的形式投资于美国。由于中美两国的股市体系、经济政策、市场风格以及投资者的比重都不同,所以整体的相关度比较低,这样一来,可以起到分散投资的作用。

全球股市,一般来说可分为新兴市场和成熟市场。新兴市场以发展中国家的股市为主,如中国市场、印度市场、越南市场,还有中东市场、拉美市场及非洲市场。从历史经验来看,新兴市场的相关性都比较低。但是我个人不建议大家去接触除中国以外的新兴市场,因为这些市场的金融体系和监管非常不成熟,一不小心就会被"割韭菜"。成熟市场以发达国家和地区为主,如美国股市、英国股市、法国股市、日本股市,也包括我国香港股市。可以考虑的配置是美国股市和中国香港股市。一方面是因为美国股市与我国股市的相关性较低,而且美股也集结了许多优秀的上市公司,投资价值较大。另一方面中国香港股市内地投资者比较熟悉,很多主营业务在内地的企业也都选择在香港上市,我们就增加了投资标的。但是需要跟大家说明,只有当你的资金量较大时,比如300万元以上,跨地区配置才有意义,资金量较小,国内市场足够了。

第二,大类资产的相关性。一般来说,普通投资者接触的投资品是股票、债券、房地产,而期货、期权、私募股权基金、大宗商品这些投资品比较复杂、投资门槛较高,不适合普通投资者。但又为什么要配置不同的大类资产呢?因为大类资产之间的相关性明显要低于同一类资产的相关性。例如,你买了几只不同的股票,这几只股票所处的行业、市值以及投资者结构都不一样,虽说也是一种分散投资,但如果股票市场不景气,也会出现几只股票同时下跌的局面。可是如果配置一部分股票和一部分房地产,那么它们之间的相关性明显低了。所以,针对股票、债券、房地产这三种资产,大家也可以做合理的配置。另外,股票基金、债券基金和公募REITs基金也能达到分散投资的效果。

第三,同类资产的相关性。我们根据股票市值的不同,我们将股票分为大盘、中盘和小盘;根据股票所处行业的不同,又分为价值型、平衡型和成长型,如此就形成了9种投资风格。在基金组合中,我们也要对这9种风格做出均衡的配置。一般来说,价值股和成长股的相关性较低,大盘股和小盘股的相关性较低,我们需要牢记有关相关性的原则。

2.2 资产的分散度要高

我们不仅要关注各类资产的相关性,也要关注资产的分散度。比如,你做了一个非常完美的资产配置组合,组合中共有A、B、C三类资产。但是你将90%的资金配置给资产A,资产B和资产C各分配5%,这样做,整个组合的价值就很低,因为将绝大部分资金配置给了资产A，那么整个组合基本上只受资产A的影响，资产B和资产C在这个组合中基本没有影响力，所以这是一个不太好的组合。

对于基金投资，一个组合中可能有好几支甚至十支以上的基金，如何决定每一支基金的权重呢？接下来我用独创的"足球理论"为大家解决这个问题。

3 基金投资组合中的三种角色——足球理论

我是一个足球迷，我认为足球比赛和基金投资有异曲同工之妙。足球是一项11人的团队运动，单个球员的个人能力虽然很重要，但是整个团队的配合以及球队的战术战略才是根本。投资也是一样的道理，如果只选出了一两支优秀的基金，整个组合的配置没有做好，最后的结果往往也是不尽如人意的。一场足球比赛中，足球队员主要分为三种角色，分别是后卫（守门员不在讨论范围）、中场和前锋。后卫在球场上的主要任务就是负责防守；中场既要负责防守，也要承担一部分进攻的任务；前锋主要负责进攻。根据这个特性，我们可以将不同的基金也分为后卫基金、中场基金和前锋基金。

3.1 后卫基金（防守型基金）

球队后卫的主要任务就是防守，所以我们也可以把后卫基金称作防守型基金。既然是防守，那么它的首要任务就是风险必须要低，优秀的后卫基金可以帮助我们在熊市中渡过危机。那么什么样的基金可以承担这个任务呢？一般来说应该是债券基金（货币型基金基本没有风险，但是收益很低，所以我们不把它放在组合之中），债券型基金相较于股票型基金收益较低，但是它的波动性也很低，在熊市依然可以表现良好，少亏钱，甚至赚钱。这是组合里非常重要的后防线，能在熊市里保住收益。前文讲过，债券型基金分为纯债型和偏债型，后者的风险和收益要明显高于前者。这两种基金都可当后卫，只不过一个是防守型后卫，一个是进攻型后卫，风险承担能力强的可以多配置后者，风险承担能力弱的可以多配置前者。

图11.1是纯债基金和偏债基金的净值走势，可以看出，偏债型基金的波动率明显比纯债类基金大得多。

图11.1　纯债基金和偏债基金的净值走势（数据来源：天天基金网）

3.2 中场型基金（稳健型基金）

中场球员的作用主要是衔接进攻和防守，整体的防风险程度居中，所以应该选择稳健型的资产。大盘价值型的基金可以承担这个角色。比如工商银行、贵州茅台、中国平安、格力电器。大盘价值型由于业务成熟、公司规模大，面临的市场风险要显著小于成长股，反映在股价上，波动率也明显较低。另外，大盘的指数基金，也适合做中场。比如沪深300、上证50指数。什么样的行业比较合适呢？一般来说，金融、地产、消费这类行业比较匹配。这类股票收益性稳定，安全边际高，一般都不会大涨大跌。中场基金收益和风险，介于防守和进攻之间，起到非常好的起承转合的作用。

3.3 前锋基金（盈利型基金）

前锋的作用就是进球，所以这一类基金投资的要点是基金的盈利能力，风险放在其次。

什么样的基金可以充当前锋呢？以投资新兴行业为主的基金。新兴行业虽说当前还不是很成熟，但是可以对它们抱有美好的希望，一旦有突破性的技术出现，公司的

> **小提示**
>
> 前景比较好的新兴行业：
> 新能源行业
> 半导体行业
> 科技行业
> 医疗科技行业

股价可能会有几十甚至上百倍的增长。当然，新兴行业的不确定性也非常大，技术变革非常快，一旦没有跟上节奏可能就会面临被淘汰的危机，所以股价下跌的风险也非常大。

当前有哪些新兴行业的前景比较好呢？一是，我们正处于新能源替代传统能源的能源革命时期，所以以新能源为主的产业有非常好的历史机遇，比如新能源车产业链、光伏、风电等。二是，一些高端制造业，比如我国的半导体行业，国产替代会是一个大趋势，另外还有工业母机、工业机器人、服务机器人等行业，当前的渗透率还比较低，未来的增长也是大概率事件。三是，一些可以提升人类生产力的科技行业，比如人工智能、物联网。四是，医疗科技行业，比如生物医药、创新药、CRO行业，医药领域的突破对人类也有非凡的意义。这些行业我们都抱有非常美好的希望。

4 经典投资策略——"核心+卫星"理论

"核心+卫星"是诞生于20世纪90年代的经典投资策略。"核心"是主体配置，目的是满足投资策略对这类资产基本的收益和风险要求。"卫星"则构成环绕主体的其余配置，负责获取超额收益，当然卫星部分也会相应地承担一份风险。市场风险的前提下，力争为投资者寻求长期稳定的资产增值。

如何运用这个理论做基金组合呢？可以从三个角度：

（1）第一个角度，确定三个部分的比重。投资组合中，前锋、中场和后卫哪一个部分是核心资产？我认为是中场基金，中场是整个组合的核心部分，是攻守兼备的组合。在大部分的组合里，中场的比重最大。第一步，我们要先确认中场的比重。如果是稳健型投资者，中场的比例可以稍多一些；激进型和保守型投资者的比例可以稍微调低一些。第二步，确定前锋基金的比重。根据个人的风险偏好进攻比例，核心是看你能承受多少风险。进攻的比例越大，风险越大，收益也可能越大。第三步，确定后卫基金的比重。当然，如果是比较保守的人，可以在第二步先配置防守，然后用剩余的来进攻。通过上面一系列动作，就可以搭建出最终组合。

（2）第二个角度，确定核心基金。我认为，消费、科技、医药三大类行业应该作为基金中的核心资产，要重点配置。

①消费。中国有十几亿人口且经济发展非常迅速。如此大的市场，消费潜力肯定非常大。再者，消费型公司的业务简单、利润稳定，所以消费行业是最受投资机构欢迎的行业。

图11.2是中证消费指数的长期走势，可以看到从2009年至2021年的12年之内上涨了444.61%，平均年化回报率14.84%，是一个非常不错的数据。如果买到了茅台、五粮液、格力这种大牛股，收益率还会更高。

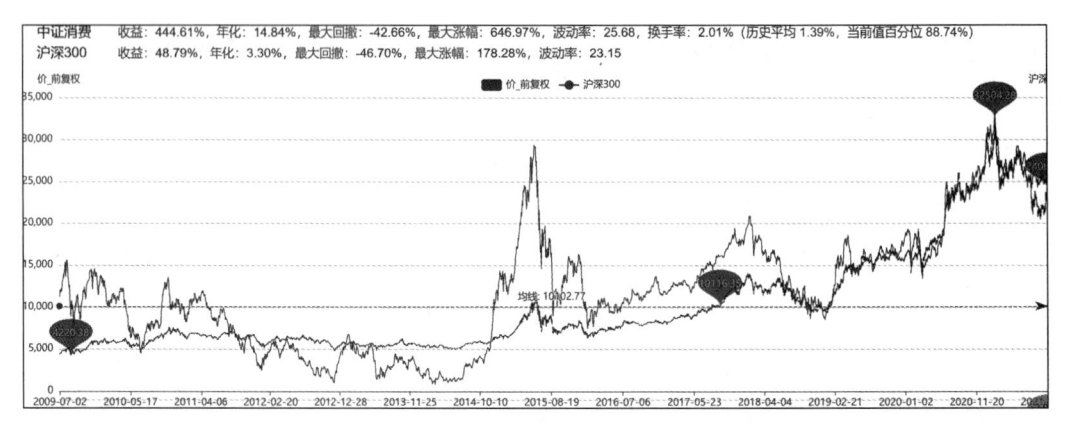

图11.2 2009—2021年中证消费指数走势（数据来源：乌龟量化）

②医药。一方面，我国人口众多，对于医药的需求旺盛，特别是人口老龄化也加剧了这方面的需求。另一方面，医药需求属于硬需求，生病都得吃药看病。近年来我们国家对医药行业的扶持力度也在加大，相信未来也会诞生一大批强大的医药公司。

③科技。科技行业直接关系着人类文明的兴衰，人类历史上每一次生产力的飞跃都伴随着伟大的科技发明：蒸汽机把人类从农业时代带进工业时代；发电机、电灯、汽车把我们带进了电气时代；互联网技术使人类进入了信息时代。每一次革命性技术的出现都大幅提高了我们的生活水平。近年来，我国科技水平突飞猛进，5G、人工智能、消费电子、新能源车、光伏等科技行业都处于世界前列，前景非常光明。对于普通人来说，通过投资基金参与这些行业是一个非常明智的选择。建议核心资产的配置比例在70%左右，卫星资产的配置比例在30%左右。

（3）第三个角度，确定宽基和窄基的比例。所谓宽基，就是指基金中包含多个行业，比如一支基金同时买了白酒、食品、电子和医疗服务，如沪深300、上证50就是典型的宽基指数。所谓窄基，就是指基金只配置了一个细分行业，比如白酒主题基金、新能源车主题基金、光伏主题基金，这些基金都只选取了一个大行业下的细分产品。

我建议，以宽基为核心资产，比例在70%左右；窄基为卫星资产，比例在30%左右。

为什么要这样配置呢？

①从资产配置的角度说，宽基是多元化配置，分散投资的效果更好，能有效降低非系统性风险。

②窄基的波动率明显要高于宽基，即使是非常优秀的窄基，在熊市中的回撤率也非常大，有的甚至能达到40%、50%以上。不要小看这个数字，回撤率50%意味着要上涨100%才能回本，所以即使是非常专业的投资者也无法坦然面对这么巨额的亏损，更不要说普通投资者了。持有过多的窄基很可能会出现在市场低点割肉的情况。

③窄基的投资难度明显要比宽基更高，投资窄基本质上和投资行业ETF差不多，能不能赚钱取决于这个行业的前景，我们需要运用一些行业分析模型对所投资的行业做出一个细致的分析。

因此，以宽基为核心资产配置，窄基为卫星资产配置的策略更适合普通人。

5 几种常见的投资组合

通过上文的讲解，我们就可以根据自己的情况搭建适合自己的投资组合。比如4∶3∶3比例的组合就比较稳健，40%的资金买防守，30%的资金买中场，30%的资金买前锋；2∶4∶4比例的组合就比较激进，20%的资金买防守，40%的资金买中场，40%的资金买进攻。

我配置了几个经典型的组合，希望能适合不同类型的投资者。当然，大家也可以设置自己的投资组合，毕竟只有在实际操作中才能发现自己的问题。

5.1 保守型组合（5∶3∶2）

50%防守，保证大部分资产基本不亏损；30%中场，稳住中间；20%前锋，行情好的时候获得收益。这个组合表现比较稳健，适合刚学习的小白和年长的朋友。5年的平均年化回报应该在10%以下。

5.2 稳健型组合（3∶4∶3）

30%防守，40%中场，30%进攻，这是标准的攻守兼备的组合，适合大部分投资者，表现会比较稳健。5年的平均年化回报可能在-5%—15%。注意，极端情况之下，组合是有可能出现亏损的。

5.3 进取型组合（2∶4∶4）

20%防守，40%中场，40%进攻，这是一个偏激进的组合，适合风险承受能力比较高，有一定投资经验的朋友。5年的平均年化回报可能在-10%—20%。

当然，阵型是死的，人是活的。当大家达到一定的投资水平后，可以灵活地在各种阵型里切换。比如牛市选择1∶5∶4的组合，熊市选择6∶3∶1的组合。

6 组合里买多少支基金

著名基金评级机构晨星曾经做过一个测算，多个组合持有基金的数量从1支到30支不等，然后分别计算每个组合5年后的业绩波动程度，结果如图11.3所示。

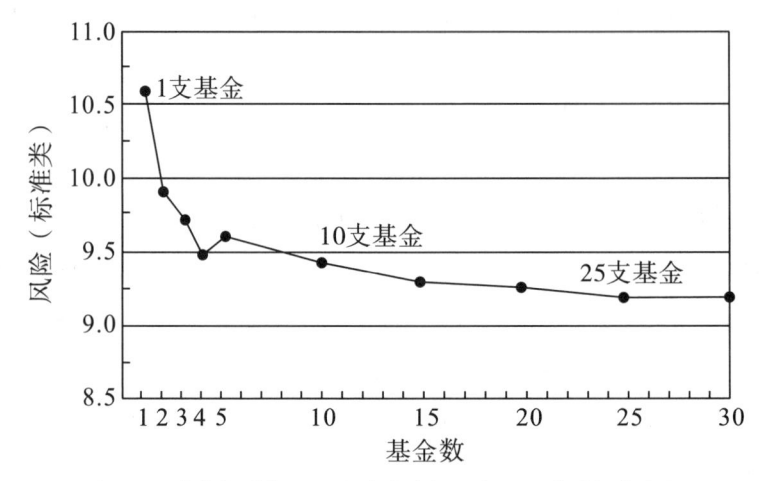

图11.3 基金数量与风险的关系（数据来源：晨星投资者）

结果显示，组合中的基金数量越多，这个组合的整体风险也就越低；持有1支基金风险最高，持有30支基金风险最低，这是不是意味着我们必须要配置30支基金呢？不尽然，因为基金数量的增加对风险的降低程度呈现边际递减的效果。当你的组合中持有4支基金的时候，风险相较之前明显有很大程度的降低，但是持有数量在10支以上时，对风险的降低效果就不再明显了。

> **小提示**
>
> 资金量在50万元以下时，4—5支基金足够；
> 如果资金量较大，7—10支基金较为合适。

第十二章

止盈策略

前面已经循序渐进地把基金投资之路走了一遍,从最简单的基金类型、如何根据不同指标挑选不同种类的基金到较为复杂的估值、定投和基金投资组合都进行了讲述,领悟书中的这部分内容,可以对基金有一个全方位的了解。

接下来学习基金的止盈策略。基金该什么时候卖呢?不同的止盈点(卖点)会对收益率产生非常显著的影响,我们来看看下面这个例子。

沪深300定投收益测算					
定投起始日	定投结束日	总扣款期数	投入总本金	最终资产	绝对收益率
2016/1/1	2018/1/1	25	25000	29345	17.38%
2016/1/1	2018/5/1	29	29000	31127.87	7.34%
2016/1/1	2019/1/1	37	37000	32206	−12.96%

图12.1 沪深300定投收益率测算

2016年1月1日开始定投沪深300指数基金,3个不同的卖点收益率相差可谓是天壤之别。2018年初卖出,收益率有17.38%;2018年5月1日卖出,收益率只有7.34%;2019年1月1日卖出,收益率是−12.96%!这3个卖点都在1年之内,为什么会有如此巨大的差异呢?这是因为2018年股市走了一年的熊市。如果看不到这一点,投资的胜算就非常低。

1 什么是止盈

很多小伙伴认为止盈就是在股市的最高点把基金/股票卖掉,比如在股市2007年的6124点、2015年的5178点卖掉,反复操作几次就实现财务自由了。很遗憾,这种想法太单纯。因为即使最优秀的投资人和投资机构,都无法预测市场的绝对高点和绝对低点。止盈要摒弃这种思想!

止盈，从字面上理解就是停止盈利，锁定收益。中心思想在于见好就收，不苛求获得最高收益。当风险大于机遇，又不确定未来状况，就应该逐步开始止盈。止盈不一定是一下子全部都卖出，可以且战且退。就像打仗撤退时，需要有张有弛。当然，有可能在止盈之后，市场不跌反涨，这种情况也是常见的，不要看着股市一路向上，按捺不住又冲杀进去。投资切记要杜绝这种情况，只要策略是合理和科学的，就一定要坚决地执行。

2 七大止盈策略

在这里我给大家介绍7种止盈策略，每一种方法的难易度和实用性都不一样。有一些方法简单，但是胜算较低，或者收益较低；有一些方法比较复杂，但是胜算较高，或者收益率较高。希望从中能掌握每一种策略的核心思想和底层逻辑。

2.1 目标收益率止盈法

这个策略最简单，核心思想就是设置一个目标收益率，一旦达到目标就止盈。举个例子，小王是一名刚参加工作两年的上班族，工作两年存下了10万块钱，刚好他看上了最新款的手机，售价1万元。小王平时比较节俭，不舍得拿自己的本金买手机，就打算买点基金，用基金的收益来买手机。那么，只要收益率达到10%就把基金卖出实现自己的目标。这个策略就是目标收益率止盈法。

这种方法的优缺点很明显，先说优点。第一，简单，投资者不需要理解太多的金融知识，比较适合刚接触投资的小白，也适合有明确财务目标的朋友；第二，确定性比较高，只要设置的目标收益率不离谱，基本上都能达到。缺点在于收益率设置为5%、10%还是20%，这是一个很复杂的问题。比如牛市期间，持有一整个周期可能赚取50%、100%甚至200%的收益，但是目标收益率设置低了，采取这个策略只能获取小部分收益。但是目标收益率设置高了也会有问题，可能每次只差一点就达到目标又跌了，如此循环往复，折腾了很久都没能达到目标。这个方法虽然简单，但是并不科学，所以我不赞同。

2.2 多目标收益率止盈法

这个策略是在上一种策略的基础上做了一些改进。举个例子，小王吸取了上一次的教训，决定要多持有一段时间，多赚一点收益。但是要怎么操作呢？可以采取这种办法：收益率达到10%卖出1/4的基金，收益率达到15%再卖出1/4，收益率达到20%再卖出1/4，收益率达到25%卖出最后的1/4。首先，这种策略的操作也比较简单，不需要太多专业知识；其次在一定程度上弥补了目标止盈法的缺陷，在牛市期间可以获取更多收益。

但是多目标收益率止盈法依然没有解决根本问题。首先是目标收益率的设置，依然是"拍脑袋"想出来的，能不能达到目标纯靠运气；其次还是对市场情况没有做出根本性的判断。在牛市期间能赚取更多收益，但是可能也会错失后续的机会；在熊市期间，可能会被套牢很久；在震荡市期间，可能部分目标可以完成，但是后续的收益率很难达成。总之，这个策略，也还是不太科学，我也不太赞同。

2.3 稳健止盈法

这个策略与前面两种策略都不同。举个例子，小王对前几次投资都不满意，这一次他决定稳健一些，怎么做呢？小王决定每当收益率达到10%，就卖出这部分的利润落袋为安，只留本金继续投资。这样一来，每一次止盈小王都能赚1万元，这种止盈策略就叫稳健止盈法。这种策略比较适合市场震荡期，一方面可以获得持续不断的收益，另一方面又不至于持续地坐过山车。但这种策略也有缺点：第一，熊市期间基本不适用，目标收益率很难达到；第二，牛市转向熊市时，这种策略会失效；第三，这种策略需要投资者有一定的投资基础知识和经验，投资者必须能判断当前是一个什么样的市场环境，但是这样的人不多。

2.4 情绪止盈法

这个策略非常有意思，不需要太专业的投资知识也能做到，而且胜算非常高。我先给大家讲一个故事，几年前我曾听过一位投资前辈的演讲，他说到一个止盈指标。他说他平时经常会去菜市场，和好几位摊主都很熟，当菜市场大妈主动找他推荐股票时，他就认为此时股市的风险非常大了，需要把股票卖掉。当身边的人都跟他说股票没救了，这个时候股票的性价比就在凸显了。这个故事听起来似乎有点开玩笑的感觉，但是我们仔细想一想也不无道理。每一次股市见顶的时候，往往也是散户最疯狂的时候，大家都展现出非常狂热的情绪，这段时间基金卖得最火爆、开户的人也最多。但是在市场真正见底的时候，大家似乎又陷入了一种盲目悲观的情绪。这个时候，没人买基金，也没人开户，但是没多久市场就开始反弹了。

为什么大家的观点和行为往往是和市场相反呢？其实，投资界有很多大师都有逆向投资的思维。巴菲特说："别人贪婪我恐惧，别人恐惧我贪婪。"芒格说："反过来想，总是反过来想。"逆向投资为什么能成功呢？研究显示，群体性的错误往往发生在极端环境。这是因为人在极端情况下，情感往往会压倒理性。所以，我们需要保持清醒，不要被极端情绪所影响。我总结了以下几个情绪指标。

（1）A股新增开户数。A股新增开户数反映新开证券账户的人数，开户的人越多说明大家越乐观，开户的人越少说明大家越悲观。

（2）成交量。成交量也是反映市场情绪的一个重要指标，成交量里有天量和地量两种说法。天量，简单理解就是某时期内出现了最大交易量。有种说法叫"天量见天价"。地量，一般是指比较大地低于通常交易量。地量出现，一般是价格在低位，交易不活跃。

成交量虽然是一个较好的情绪指标，但是随着近年来量化交易的占比增加，通过成交量观测市场情绪可能也会失真。

（3）融资融券余额。融资余额即融资买入股票后，未偿还的金额。一般来说，融资余额大，说明市场信心足，热度高。投资者向证券公司融资买进证券称为"买多"。融券余额即投资者借券做空后，没有偿还的数量。一般来说，融券余额越大，说明越被看衰，投资者向证券公司融券卖出称为"卖空"。但是，A股的融券不太活跃，直到2020年才逐渐有一些起色，所以我们重点观察融资余额。见图12.2。

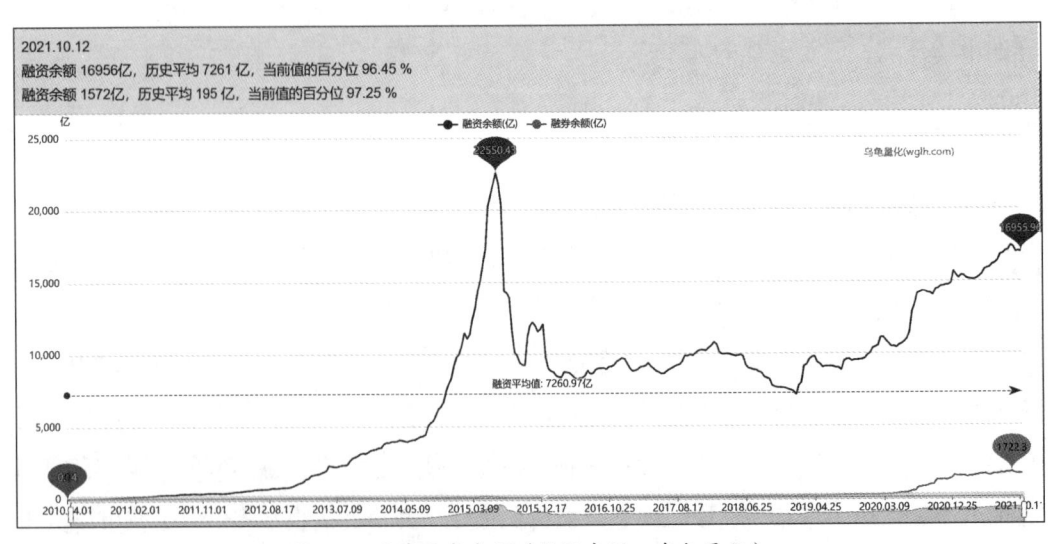

图12.2　融资融券余额（数据来源：乌龟量化）

（4）公众的意见。这个并非是量化指标，但是也能给我们一些参考。我们可以跟身边的人交流，看看他们对市场的看法，是乐观还是悲观？有没有陷入极端情绪？或者可以通过互联网等媒体了解股民、基民的想法，当身边人的态度出奇一致，就可能是我们做出行动的时候。

我们再来探讨一个问题：大多数人的情绪一定是错的吗？答案是未必。一般来看，在大多数时候是对的，但是在极端情况下很可能就是错的。逆向投资并非一味和市场作对，要提高止盈的胜算，还需要对市场进行全面分析。

最后，我们来讲讲情绪止盈法的优缺点。情绪止盈法第一个优点是胜算较大，第二个优点是可以和其他的止盈策略搭配使用，能进一步提高我们的胜算。情绪止盈法第一个缺点是对投资者的心理素质要求较高。与市场做出相反选择，说起来容易，做起来非常难，特别是战胜自身的情绪是一条非常漫长的道路。第二个缺点是只有经验丰富的投资者使用情绪止盈法的效果较好。

2.5 回撤止盈法

这个策略在最近几年非常流行，很多投资机构也喜欢使用这种方法。举个例子，小王前几次止盈都卖早了，牛市后期的收益一分没拿到。这一次他痛定思痛，决定转换策略。果然这一次的收益颇丰，小王的基金很快就翻倍了。但是好景不长，股市开始掉头下跌，小王也很着急，不能把收益都跌没了啊！于是他决定，基金净值每下跌10%，就卖出30%，如此循环往复，直到把基金全部卖完，这种策略就是回撤止盈法。

其实这种方法我个人经常用，因为它的优点非常鲜明。第一，判断绝对的市场高点是很难的，有时候我们会发现市场的估值已经明显被高估了，但是股价还能猛涨很长一段时间，比如说2015年的A股、2000年的美国互联网泡沫，最后的市场高点都突破了我们的想象。为什么会这样呢？因为人有非理性的一面：市场在极度繁荣的时候，人们会极度乐观；市场在极度萧条的时候，人们会极度悲观。很多价值投资者往往低估了人性，在市场稍被高估的时候就将资产全部抛掉了，所以牛市后期的涨幅都没能享受到。如果我们使用回撤止盈法，既可以享受整个牛市周期的红利，又设置了撤退方法，保有绝大部分的利润。第二，回撤止盈法和其他止盈方法的适配性非常好，比如情绪止盈法。我们只能判断大致的市场情绪，但是市场何时反转却很难说，所以和回撤止盈法搭配能进一步提高胜率。

这个策略也有缺点。第一，回撤比例设置的问题，如果市场下跌10%，要卖20%、30%还是50%呢？所以，投资者既需要一定的投资理论知识，还得经验丰富，否则就有可能弄巧成拙。第二，这个策略的难点在于投资者能否遵守自己的投资纪律。

2.6 估值止盈法

估值止盈法是我极力推荐给大家的止盈策略，因为这种方法非常科学和非常有效。估值止盈法的精髓在于市场不可能无限被高估，也不可能无限被低估，最终价格一定会回归价值。投资大师霍华德·马克斯曾经提出过"钟摆的概念"，一个钟摆绝大部分时间都是偏离中心点的，一会儿向左，一会儿向右，但是不管钟摆偏离中心点多远，也不可能永远偏离下去，最终还是会往中心点的方向回归。所以，估值永远是最重要的指标之一。

判断市场的估值是高还是低呢？主要通过以下几个指标。

（1）指数的市盈率。市盈率越高，说明越被高估；市盈率越低，越被低估。首先我们可以看看整个市场的估值情况。

这里给大家介绍一个指数——中证全A指数，这个指数包含了除ST股票和上市时间不足3个月的股票之外的所有A股股票，所以它的走势基本反映了整个市场的表现。因此通过观测这个指数的市盈率就可以推测出整个市场的估值情况。如图12.3所示，中证全A指数的市盈率是18.27倍，过去的平均值和中位数分别是16.6倍和16.59倍，说明当前的估值稍微偏高。另外，当前的PE百分位是63.18%，说明当前的估值比历史上63.18%的时间都高，也说明当前的估值是中等偏高。当PE历史百分位＜10%，属于极度低估，投资价值很大；PE百分位在10%—30%，属于低估区，风险小于收益；PE历史百分位在30%—70%，属于合理区域；PE历史百分位在70%—90%，属于高估区，这

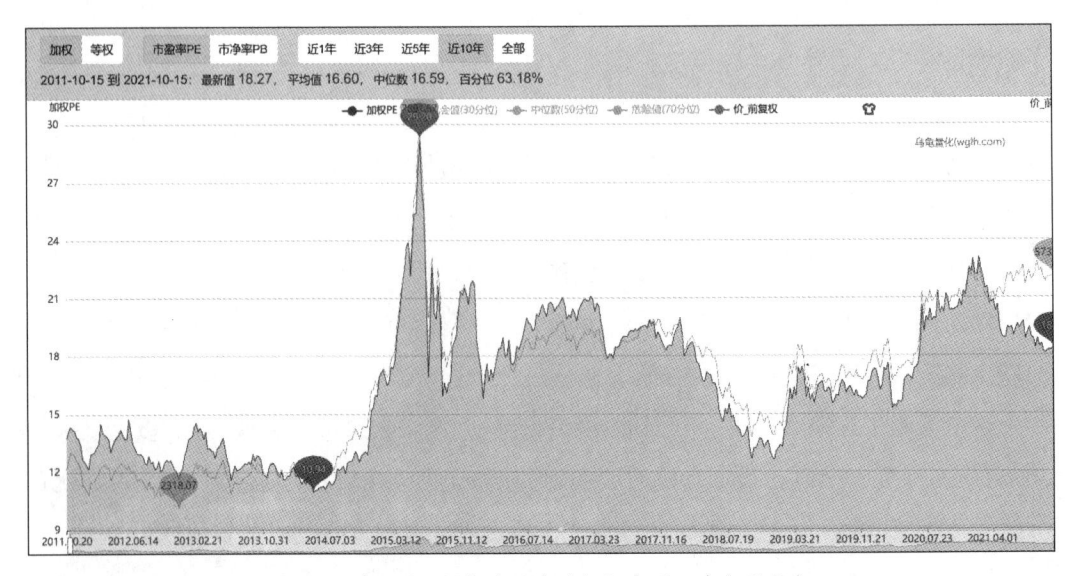

图12.3　中证全A指数市盈率（数据来源：乌龟量化）

个时候需要保持警惕了；PE历史百分位＞90%，属于高估区，风险远远大于收益了。

当然，这些指标也只是我个人的一些经验，并不完全准确，比如美股的纳斯达克指数，近年来一直处于高估区，但是表现也非常不错，所以单个指标只能给我们提供一个视角，要想提高胜率，还得结合其他的指标。此外，中证全A市盈率反映的只是整个大盘的情况，对个别投资标的，还需要看其他相应指数的市盈率。假如买的基金是大盘价值型的，就可以再看看沪深300指数的估值情况；假如买的基金是大盘成长型的，那就再以创业板指数做参考。通过多个层级的分析，我们判断的论据会更加完善。

（2）巴菲特指标。这个指标是"股神"巴菲特提出的。2001年12月，巴菲特在某杂志上发表文章，给出量化股市估值水平的最佳指标——"所有公开交易的股票总市值占美国GDP的比例"，也叫作"资产证券化率"。这个指标越低，说明股市越被低估，投资价值就越大，反之亦然。巴菲特认为，如果指标在70%—80%，投资价值就大。但是使用这个指标要注意一点，我国的很多公司是在美国和中国香港上市的，所以这部分股票的市值要统计在内，要不然指标就会失真。见图12.4。

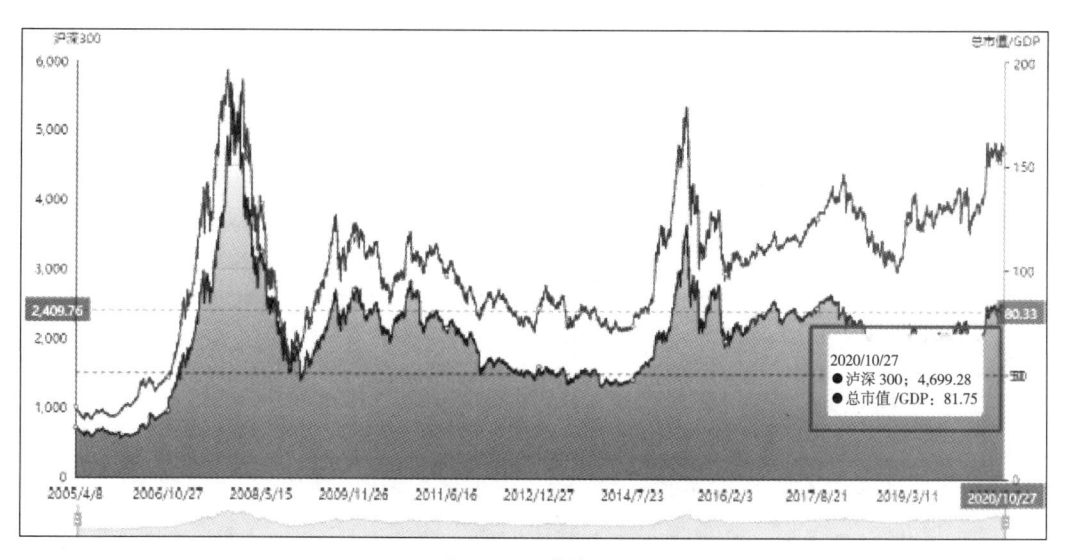

图12.4 巴菲特指标

从历史数据分析，巴菲特指标和沪深300指数的走势基本是同步的，可见巴菲特指标是一个比较靠谱的分析指标。

（3）股债收益比。股债收益比是巴菲特的老师格雷厄姆发明的。这个指标的核心逻辑是把股市和债市的收益率放在一起比较，看哪个市场更有吸引力。首先，我们用股票市盈率的倒数替代股市的收益率，假设A股全市场股票的平均市盈率为10倍，那么盈利收益率就是10%，为什么这么说呢？我们都知道市盈率=总市值/净利润，那么盈利收益率=净利润/总市值，也就是说相较于总市值，这个公司一年能赚多少钱。我们可以再换个角度思考，如果市盈率等于10倍，就意味着在现有情况下，10年我们可以收回投资成本，每年的收益率不就等于10%吗？所以，市盈率越低，股票的盈利收益率就越高。其次，债券的收益率用10年期国债的收益率替代。最后，用股票的盈利收益率/10年期国债的收益率，就可以计算出股债收益比。指标越高，说明股市的性价比越高，大家就会偏向于投资股票；指标越低，说明股市的性价比较低，大家会转而投资无风险的国债。从历史数据中，我们也可以发现，股债收益比和上证指数的走势呈现出相反走势。见图12.5。

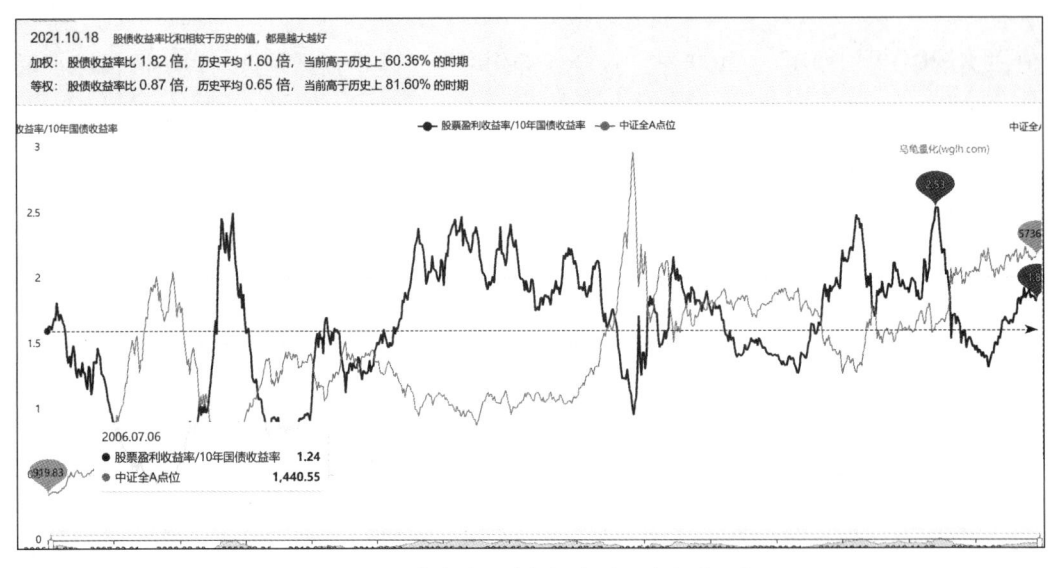

图12.5　股债收益比（数据来源：乌龟量化）

2007年底，当时的股债收益比只有0.42，这说明什么呢？股票的收益率竟然还没有国债多！而且国债还是无风险投资，对于一个理性人来说，就应该把股票卖掉，转而买国债，果然没过多久，股市就开始下跌。同样，2020年4月，由于疫情的影响，股市的情绪降到冰点，当时的股债收益比达到了2.53，也就是说股市的收益率是债市的2.53倍，这个风险补偿已经非常高了，所以没多久股市的行情又重新升温。根据过去几年的经验，给大家一个参考值，当股债收益比在1.4以下时，风险较高；当股债收益比在2.2以上时，机会较大。

（4）宏观经济指标。从短期来说，股市的走势和宏观经济的相关性并不明显，但是从长期来看，股市的走势是宏观经济的晴雨表。投资有一种非常主流的方法，就是自上而下做投资，首先分析宏观经济，其次分析行业，最后分析个股。但是难点就在于我们很难从各种宏观指标中找出和股市走势强相关的指标。例如，CPI反映通胀程度，这个指标和股市走势有什么关系呢？短期的走势其实并不明显，可能有时候通胀问题很严重，股市暴跌，但是也有时候股市却不涨反跌。所以，通过各种宏观指标判断股市的走势是非常难的。

综上所述，估值止盈法是最科学的止盈策略，大家可以结合几种止盈策略一起使用，比如将估值止盈法和情绪止盈法、回撤止盈法一起搭配使用。

2.7 永不止盈法

看过武侠小说的人都知道武功练到最高境界往往是无招胜有招。同样，在投资中，最高境界也是不止盈。大家可能会有疑问，这样难道不会白白被割韭菜吗？我们来看几个例子。

图12.6中的这支基金，成立16年，共为投资者赚取了20倍的回报，即2005年投资100万元，到2021年就会变成2000万元。

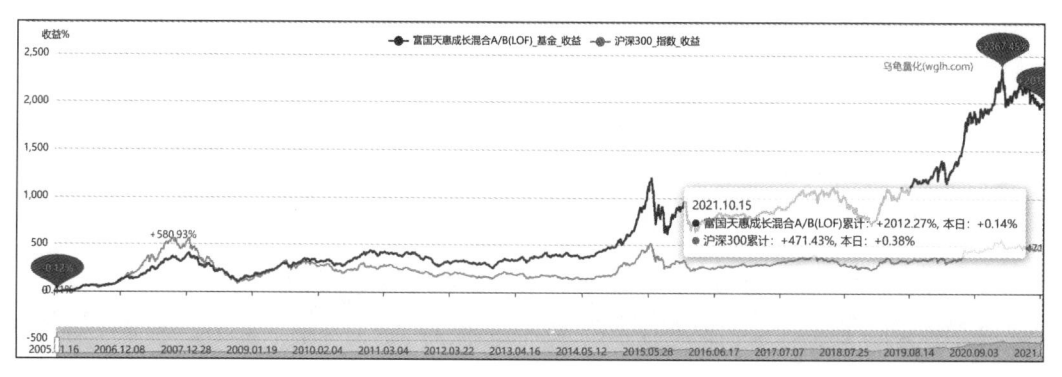

图12.6 某基金长期业绩走势（数据来源：乌龟量化）

再看图12.7这支基金，成立7年，共为投资者赚取了380%的回报，年化收益高达25%。这个成绩可以媲美许多顶级的投资人。

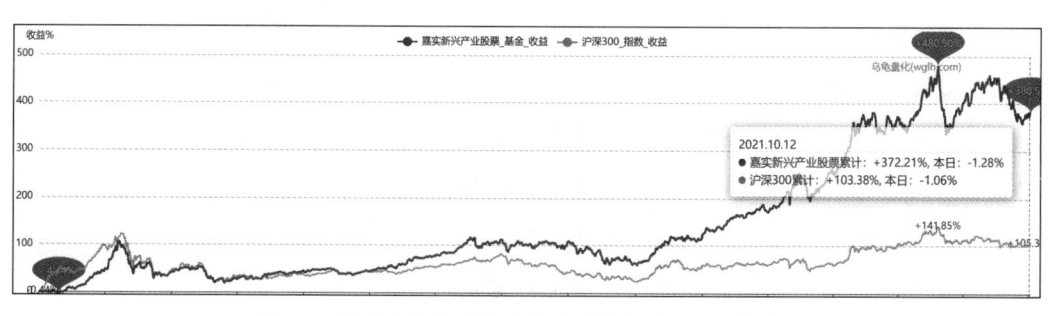

图12.7 某基金长期业绩走势（数据来源：乌龟量化）

有数据统计，真正在市场中赚到钱的散户，大部分都是长期持有，淡化择时。相反，操作越频繁，亏损概率就越大。为什么会出现这样的情况？根本原因是散户的投资能力和心态都不达标，即使买到了好的投资标的，也会出现拿不住的情况。像巴菲特、芒格这种资深的价值投资大师，一旦选到了好的投资标的，持有时间长达数年甚至数十年！所以何不放弃择时这件困难的事，构建一个优秀的基金组合，从而分享整个资本市场的红利呢？再者，我国的经济动能一直非常强劲，未来随着金融市场更加完善和开放，我们的资本市场会越来越好，这也是永不止盈的底气。

> **小提示**
>
> 止盈：并非是在最高点把基金卖掉，而是在风险大于机会时，逐步撤退，落袋为安。
>
> 目标收益率止盈法：人为设置一个收益率，达到了就卖，最简单，但是不科学。
>
> 多目标收益率止盈法：设定多个目标收益率，在上一种策略之上做出一定的改进，但是也不太科学。
>
> 稳健止盈法：卖出利润，保留本金继续投资。比较适合市场震荡期。
>
> 情绪止盈法：逆向投资的核心方式之一，需要重点关注情绪指标，比如A股新增开户数、成交量、融资融券余额等指标。
>
> 回撤止盈法：市场出现回撤就卖出一部分基金，适合和其他策略搭配使用。
>
> 估值止盈法：最科学的止盈策略，需要重点关注估值指标。
>
> 永不止盈法：可能是最适合普通人的策略。

第三部分

终极篇

第十三章
构建实战定投计划

完成了前面知识的学习，对基金投资的基础知识应该能掌握了。接下来就要用前面的知识，构建属于自己的实战定投计划。构建定投计划包括以下几个部分：

1. 梳理现金流；
2. 确定投资目的；
3. 选择投资阵型；
4. 选择行业及基金；
5. 明确风险搭配；
6. 开始定投计划；
7. 建立止损和止盈规则；
8. 建立攻防转换方案。

1 梳理现金流

目标设定，就有奋斗方向，并且可以清晰地知道要赚多少钱。这样，我们日常的生活、消费中会更理性。目标和方向明确后，在开始投资之前，还需要有一步：梳理自己的现金流。

在生活中，有太多的朋友都是月光族。当你问他："你工资挺高啊，每个月的钱都花在哪里了？"他自己往往一脸茫然。

"iPhone13出了，要不要把12换掉？"

"双十一马上要到了，这次我要好好买些东西。"

"最近海岸城刚开了家高端日料店，今晚我们去尝尝？"

这些场景，大家应该都不陌生。梳理现金流不是不让大家消费，而是让大家清醒地认识哪些消费是必要的，哪些不必要。这里面最关键的一步就是记账。没有记账，所有的消费都是模糊的，只有记账，才能对自己的金钱有更好的规划。

但是难点又来了，记账这事太枯燥，几个月就坚持不下来了。我早期也是这样，所以希望能教大家一些更简单实用的记账方法。

1.1 记账，清晰地认识自己的现金流

记账的App很多，但是大部分都需要手工记账，或者录入账单，坚持一段时间就可能放弃。我想教大家的方式是被动记账，基本不需要花太多工夫，就能清晰地认识账单。

首先，我们尽量只用一张银行卡（包括信用卡），如果有更多需求，用两三张卡也够了。这样，每个月只用查看银行的消费账单就可以清楚看到流水。

其次，用微信支付加上支付宝支付。比如日常花销、小额购物都用微信支付，需要大额支付的时候使用支付宝支付。这样又从消费场景上做了一个划分。

总的来说，就是尽量集中用银行卡、支付工具消费，再利用账单功能实现被动记账。除了记开销，收入也要有记账。认真记录每一笔收入。

1.2 认真规划，制作报表

记账只是把原始数据记录下来，更重要的是认真分析每一项，为自己"开源节流"做准备。

第一部分，收入分为以下几类：

（1）工作收入。包括经常性收入和非经常性收入。经常性收入包括工资；非经常性收入包括奖金、项目结算等。

（2）投资理财收入。包括股票、基金收入，年金保险、养老金收入，房租收入等。

（3）其他收入。比如专利费收入、知识产权收入等。

第二部分，支出可以分为以下几个大类：

（1）日常生活支出。包含日常消费、房租、交通费等。

（2）房贷支出。如果有买房，这是一笔不小的开支。

（3）保险支出。保险对于大部分家庭是不可或缺的部分。

（4）投资支出。包括买基金、买理财、买各种金融产品。

（5）其他支出。大家可以填一填这张表。

大家可以填表帮助分析。见表13.1。

表13.1 个人现金流表

年度收入（单位：万元）			年度支出（单位：万元）	
项 目		金 额	项 目	金 额
工作收入	工 资		日常生活支出	
	奖 金		房贷支出	
	项目奖		保险支出	
	福 利		投资支出	
理财收入	基金收入		其他支出	
	保险收入		支 出	
	房屋租金			
	参股企业收入			
	股票收入			
	其他理财收入			
其他收入	知识产权收入			
	其他收入			
总收入			总支出	

1.3 优化现金流，把消费变成投资

现金流表建立后，我们就能清晰地分析自己的消费情况。"开源节流"的本质是增加收入，节省不必要开支。对应表13.1，就是增加左边的部分，减少右边的部分（投资支出除外）。

重点在支出部分，这里面最需要节省和优化的是日常生活支出。因为这一项的弹性最大，有的人可以一年花几百万，有的人也可以一年花几万。

我曾经为几百个家庭做过财务咨询和规划。我惊奇地发现，金融资产（刨除房产和负债后的总资产）在1000万元以上的家庭，他们在日常生活支出这一栏占比都很小，在投资支出这一栏占比都很大。

以一位在腾讯工作的朋友为例，接近40岁的年龄。他的金融资产已经超过2000

万，但是每年的日常生活开支却只有不到30万元。我问过他："你觉得生活品质如何？"他的回答是非常好，在日常吃喝旅游上并没有刻意省钱。在买车、买表、买奢侈品上，他从来没有追求。开着一辆20多万元的车，戴着3000多元的苹果手表，衣服基本都是运动品牌，也不贵。

确实，对于大部分人而言，经常为了"面子"买单，超出自己的收入能力去消费，其实就是交了"智商税"。我们需要把日常生活支出进行细化列举出来，再去掉那些可有可无的部分。如果对可有可无的消费犹豫，就应该想到这个消费是在透支你未来的生活品质。杜绝不必要的消费，把消费转化成投资资产沉淀下来，自己的内心和金钱会越来越充实。

完成以上一系列的事情，就已经清晰认识了自己的现金流，明确该从哪个部分优化并开始投资。

2 确定投资目的

对于绝大多数人来讲，人生都会面临两个大目标：一是子女教育金；二是养老退休金，也可以叫财务自由金。现在我就以这两个目标为例，教大家建立定投计划。

2.1 子女教育金

子女教育金根据每个家庭的实际情况来确定。

我国九年义务教育是免费的，高中的花费也不多。所以，教育金更多是为孩子上大学或出国深造准备。

如果在国内上大学，一年的学费加生活费开支大概是3万元—5万元。标准按高一点算，四年是20万元。在国外上大学，一年差不多需要50万元，四年是200万元。再算上未来18年的通胀情况，数字大概要乘以2。那就是国内教育金要准备40万元，国外教育金要准备400万元。大家不要被数字吓到，我计算的标准相对偏高一些。毕竟宁愿多准备，就怕少准备。

2.2 养老退休金

退休金取决于退休的时间。如果你想35岁就退休，那么恭喜你，你得准备很大一笔钱。你要确保每年能有稳定的收益，并且收益的部分要大于等于通货膨胀的系数加上你的日常开支。

我们按照大部分正常人来计算——60岁退休，假设可以活到90岁。加上通货膨胀系数，总金额大概是你现在的家庭开支水平乘以800。假设一个家庭，在二线城市，每个月的生活费是5000元（你已经配置了保险和医保来对冲大病风险，已经有房产且房贷还清），那么，一共需要的养老费是400万元。

注意，这400万元是30年平均花费，而不是一次性在60岁时就需要准备的。那退休时到底应该准备多少钱呢？我们来简单算一下。

30年花掉400万元，每年花销是13.3万元。假设你的养老金仍然在理财，每年平均年化收益4%，可以整理为下表。见表13.2。

表13.2 退休金计算表

年 龄	剩余金额（万元）	年 龄	剩余金额（万元）	年 龄	剩余金额（万元）
60	230.51				
61	226.40	71	175.09	81	99.13
62	222.13	72	168.76	82	89.76
63	217.68	73	162.18	83	80.03
64	213.06	74	155.34	84	69.90
65	208.25	75	148.22	85	59.36
66	203.25	76	140.82	86	48.41
67	198.05	77	133.12	87	37.01
68	192.64	78	125.12	88	25.16
69	187.02	79	116.79	89	12.84
70	181.17	80	108.13	90	0.02
年化收益为4%，每年消耗13.33万元					

根据计算表可以看出，在60岁时，只需要准备230.51万元，在每年保证有4%收益的情况下，就可以每年开销13.33万元，一直持续30年。怎么算出来的？比如在61岁时，养老金的投资收益为9.22万元，生活开销了13.33万元，总金额=230.51+9.22-13.33=226.40万元，以此类推。直到90岁，还剩下200元。

明确有230.51万元就可以退休，自己就可以更清晰地选择攒钱计划，选择定投计划。但是有一点要注意，如果想更早退休，就需要准备更多的钱。如果想每个月开支更多，也得需要准备更多的钱。

3 | 选择投资阵型

在"基金投资组合"部分，我为大家介绍过一些主流的阵型。每个投资阵型都有它独特的作用，每个阵型也对应着不同的风险和收益，这里再回顾一下，我将风险由低到高依次向大家介绍。

3.1 10∶0∶0组合

全部资金买后卫，这个阵型是债券型基金，风险极低，基本不会出现亏损，适合新手及不愿意接受亏损的保守型投资者。整个组合长期投资，也能做到6%的年化收益率，相当不错，比一般银行的理财产品收益要高。

有一点注意，在10个后卫里，可以选择一半买入纯债型基金，另一半买入偏债型基金。纯债型的基金普遍年化收益在5%—6%，偏债基金优秀的能做到8%左右。

对于这个组合，我给它取了个非常有趣的名字——"躺宝宝"，躺着就把钱挣了！

3.2 6∶4∶0组合

60%的资金买后卫、40%的资金买中场，属于保守型组合。

中场型的基金主要投资大盘股、价值股。它的风险介于后卫和前锋之间。这种类型的组合，亏损的概率也很小，收益会比第一个组合好很多，一般三年内最大回撤为5%。

3.3 4∶4∶2组合

这个组合是主流的投资组合，40%的资金买后卫、40%的资金买中场、20%的资金买前锋，属于稳健型组合，有攻有守，适合有一定风险承受能力的投资者。

前锋型的基金主要投资成长型股。这些股票有高增长性、高利润，但同时风险也会高一些。另外，如产业型的基金、窄基也属于前锋部分，比如投资新能源、半导体、医药这种细分领域的基金也属于前锋。

3.4 3∶4∶3组合

30%的资金买后卫、40%的资金买中场和30%的资金买前锋，该组合就是标准的攻守平衡型组合，进攻部分和防守部分的比例基本一致。

我认为6∶4∶0、4∶4∶2、3∶4∶3这三种组合是最实用且能适用于普通投资者的。

3.5　2∶4∶4组合

20%的资金买后卫、40%的资金买中场和40%的资金买前锋。这种基金组合风格偏激进，基金投资经验少于2年的，不要用这种组合。因为风险偏高，有可能出现超过15%的亏损。对于新入市的投资者，15%的亏损是难以承受的。

这种组合适合有一定经验的投资者，我个人就比较偏爱2∶4∶4组合。我个人最常用的是4∶4∶2、3∶4∶3和2∶4∶4这三个组合。

3.6　0∶6∶4组合

60%的资金买中场和40%的资金买前锋。这种组合没有防守，我不太推荐大家使用。这个组合其实是新手比较容易犯的错误。我帮助过上千名读者诊断过基金组合。很多新手一开始选的就是类似这样的组合，没有防守，但是自己的风险等级又很低。这样就导致自己的风险偏好和基金组合的风险不成正比。

基金投资一定要做长期投资。哪怕你是在2015年上证指数最高点当天买入基金，绝对属于高位接盘。但5年后，90%的基金都能回本，买到优秀基金还能赚很多。

例如，在2015年6月12日A股近10年最高点，买入了富国天惠成长混合（161005）基金，到2021年6月30日，正收益72.97%，平均年化收益9.56%。见图13.1。

	收益	波动率.年	最大回撤	最大涨幅	收益回撤比	极限套牢.月	夏普比率	年化收益
富国天惠成长混合A/B(LOF)	+72.97%	26.59%	-45.93%	+246.05%	1.59	50.66	0.33	+9.56%
沪深300	-2.08%	23.19%	-46.51%	+103.51%	-0.04	-	-0.05	-0.35%

图13.1　富国天惠成长混合基金（数据来源：乌龟量化）

很多人也明白长期投资的道理，但就是拿不住。为什么呢？最大的原因就是没有注意阵型搭配，导致组合的风险过大，最终超出了自己的承受范围。一旦出现较大亏损，就卖掉了。也就无法实现长期持有。

合理选择基金组合阵型非常重要，比如遇到熊市选择了6∶4∶0组合，市场大跌时，你的基金回撤很小，这时你便可以云淡风轻，耐心持有，静看云卷云舒。

另外，在长期投资的过程中，组合也不是固定不变的。要根据市场的情况，根据股市的估值合理调整自己进攻或者防守的阵型。

在调整阵型时，主要参考两个维度：

（1）定投组合距离终点的时间。

不论是子女教育金，还是养老退休金，对于大家来讲都是长周期投资。很多是大于15年，甚至20年。组合的风险，应该和剩余的时间成反比，也就是距离终点的时间长，可以相对选择风险高一点的组合，随着时间的推移，不断降低风险。特别是到了最后一两年，尽量选择低风险组合，千万不能在临近终点时翻了船。

（2）股市的情况。

股市会在牛市和熊市之间转换。基金定投就是要在市场低点（熊市）不断买入，获取低价格的筹码，在市场高点（牛市）卖出获利，落袋为安。如此循环，就是基金定投的微笑曲线。

从图13.2中已经可以看清获利的原理，那么非常重要的就是在每一轮牛熊转换时变换阵型。比如在低位投入期，可以采用3∶4∶3或者2∶4∶4的阵型。在扭亏为盈后的收获期，可以把阵型变为4∶4∶2来稳定收益。最后，在认为股市到达高点后，把阵型调整为6∶4∶0，强劲防守，等待下一轮周期。

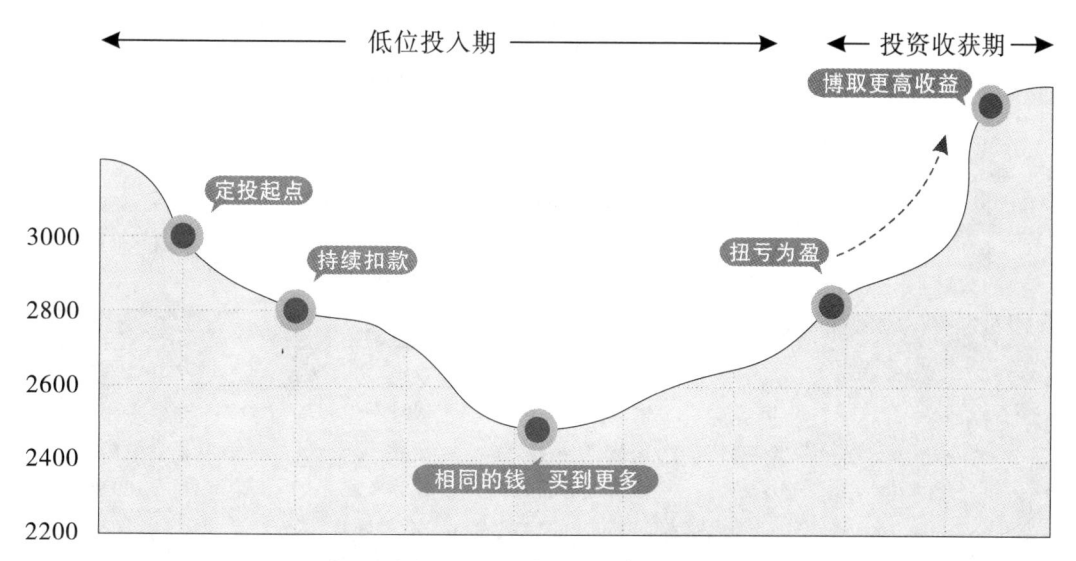

图13.2　定投微笑曲线（图片来自互联网）

如何判断什么时候由进攻转为防守？前面止盈部分详细讲过，就不再重复了。本章第7节会以案例做详细分析。

4 | 选择行业和基金

从A股来看,推进股市长期上涨的主要是三大行业:消费、科技和医药。所以我们在建立组合时,这三个行业最好都能涉及。其他行业可以根据个人喜好配置。比如金融、汽车、化工、传媒、房地产等。

图13.3是巴菲特2020年持仓中各个行业的配置占比。可以看出,上面讲的三大行业,他都有布局,特别近些年加大了对科技行业的布局。除此之外,巴菲特钟爱金融行业,因为金融行业的高股息、高分红,能给他持续提供源源不断的现金流,这就是他的策略。

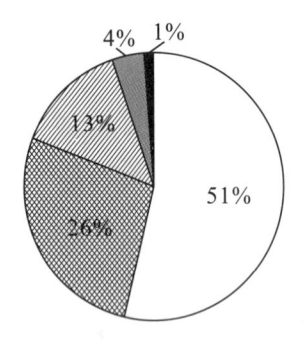

□ 信息技术行业 ▨ 金融行业 ▨ 必需消费品行业 ▨ 医疗服务行业 ■ 其他

图13.3 巴菲特2020年持仓行业占比(数据来源:巴菲特致股东信)

再看看A股2009—2019年,各个板块涨幅前五和涨幅后五的行业。见图13.4。

根据这些数据可以看出,消费、医药、科技属于长期高速增长的行业。

	A股	沪深主板	中小板	创业板
涨幅前五	国防军工375.1%	计算机588.7%	银行561.9%	综合282%
	食品饮料320.7%	食品饮料440.7%	国防军工537.7%	食品饮料281.6%
	计算机299.4%	国防军工416.3%	电子357.6%	非银金融195.8%
	房地产297.9%	家用电器403.8%	农林牧渔305.7%	通信189.8%
	电子294.7%	医药生物384.4%	交通运输246%	计算机189.3%
涨幅后五	采掘69.6%	采掘73.8%	综合-35.4%	商业贸易-33.4%
	电气设备101%	电气设备124.9%	公用事业62.6%	纺织服装5.3%
	机械设备105.5%	纺织服装134.9%	机械设备64.7%	采掘9.7%
	纺织服装111.4%	钢铁136.9%	采掘66.6%	轻工制造19.8%
	钢铁134.7%	交通运输140.7%	食品饮料71.2%	国防军工34.5%

图13.4 2009—2019年各板块领涨领跌行业(数据来源:Wind,如是金融研究院)

5 明确风险搭配

阵型搭配，能让我们合理的控制风险。应对风险，我们还有很多可以参考的指标，比如最大回撤率。

这里不讲原理，只讲实际运用。大家可以使用5年最大回撤率，来衡量组合的风险。最大回撤率的查询方法，可以在第二章第6节查看。

组合的5年最大回撤率怎么算？用每一支基金的最大回撤率乘以它的比重即可。例如，某个组合是A基金占比20%，B基金占比40%，C基金占比40%，那么它的最大回撤率=A基金最大回撤率×20%+B基金最大回撤率×40%+C基金最大回撤率×40%。

一般情况下，大家在建立组合时，3年最大回撤率不要超过15%，5年最大回撤率不要超过20%。如果超过了，需降低组合风险。有3年以上投资经验的投资者，可以适当放宽标准。

6 开始定投计划

为了方便理解，我举两个案例，把前面的知识联系实际的方案。（重点提示：方案中涉及的基金不构成任何投资建议，仅作为教学案例演示。演示的方案不一定是最好的方案，基金有风险，投资须谨慎。）

案例一：子女教育金

以国内上大学举例，假设上大学需要的资金一共是40万元，准备时间为18年。前10年追求年化10%的投资目标，第11—15年追求年化8%的投资目标，最后3年追求年化5%的投资目标。

第一步，明确目标：40万元。

第二步，测算出现金流量表。见表13.3。

表13.3　定投现金流量表

年份（年初）	金额（万元）	假设年化收益	每年投资金额（万元）
1	0.99	10%	0.99
2	2.08	10%	0.99
3	3.28	10%	0.99
4	4.59	10%	0.99
5	6.04	10%	0.99
6	7.64	10%	0.99
7	9.39	10%	0.99
8	11.32	10%	0.99
9	13.44	10%	0.99
10	15.78	10%	0.99
11	18.35	8%	0.99
12	20.80	8%	0.99
13	23.46	8%	0.99
14	26.32	8%	0.99
15	29.42	8%	0.99
16	32.76	5%	0.99
17	35.39	5%	0.99
18	38.15	5%	0.99
结束	40.06		

根据假设收益率，完成40万元子女教育金的目标，需要每年年初投入9900元，一共投入18年，在第18年年底可以达到40.06万元。总投入本金为17.82万元，可以根据每年投入的金额，拆分成为按月定投执行。

第三步，选择投资阵型。

前10年，大方向上可以选择3∶4∶3的标准阵型，有攻有守（但是要根据股市行业的变化灵活调整阵型）。

第11—15年，选择4∶4∶2的阵型，加强防守，保住收益。

第15—18年，选择6∶4∶0的阵型，继续稳固防守，把已经赚得的收益，稳稳地守住，大量买入债券型基金，降低整体组合的风险。

第四步，选择投资基金。

这一步是最关键的一步，这一步做错了，其他步骤做得再好也是无用。

我为大家做一个示范案例，见表13.4。

表13.4 子女教育金演示组合

子女教育金基金定投演示组合（仅作演示，不构成投资意见）			
名　称	属　性	布局行业	比　例
兴全合宜混合A（163417）	前　锋	化工/银行/科技/医药	15%
交银新成长混合（519736）	前　锋	科技/半导体/化工/电器设备	15%
易方达蓝筹（005827）	中　场	消费/金融/医药	15%
中欧新蓝筹（166002）	中　场	消费/金融/化工	10%
易方达安心回馈混合（001182）	防守中场	科技/房地产/消费/汽车零部件	15%
工银瑞信双利债券A（485111）	后　卫	偏　债	15%
南方宝元债（202101）	后　卫	偏　债	15%
适合人群：有较丰富投资经验，能承受一定风险，有稳定收入的。 预计最大亏损20%；据测算，近三年组合最大回撤率14.87%。			

这个组合先采用的是3∶4∶3的阵型，随着时间的推移和股市点位的变化灵活调整阵型。

第五步，测算风险。

此组合三年最大回撤率是14.87%，在15%之内，风险适中。

第六步，完成定投表。

根据以上的步骤完成定投表，开始定投。见表13.5、表13.6。

表13.5 子女教育金定投计划表

定投计划表			
月收入（元）		每月定投金额（元）	
月开支（元）		计划投资年限（年）	
月结余（元）		期待年化收益率	

表13.6　子女教育金定投组合表

定投组合			
名　称	属　性	布局行业	比　例
（可以不填满）			
近三年组合最大回撤率：			

第七步，在实际过程中不断优化组合。

在实际投资的过程中，不断优化组合。保持长期投资的纪律性，尽量使用一两个软件投资，方便数据记录。

我相信随着时间的推移，大家的投资经验会越来越丰富，做出来的组合也会越来越好。

基金投资是一场马拉松，不要在乎一城一池的得失。刚开始定投就赚钱不一定是好事，刚开始定投就亏钱不一定是坏事。希望能够相信长期投资的力量。

股市越是低估的时候，越应该坚持买入，坚持投资，坚定持有。这一点想做好很难，所以才建议使用基金定投，通过纪律克服人性的弱点。

注意在牛市和熊市转换之时，做好止盈和转换。

案例二：养老退休金

前两步的方法可以参考子女教育金先动手算一算。假设60岁时需要230.5万元，从30岁开始做基金定投，每年需要投入多少钱，年化收益率是多少可以完成目标。

第三步，选择投资阵型。

养老金投资有一个特点,就是在养老金定投的后半段时期,个人的赚钱能力是逐步减弱的。例如,一个人27岁有小孩,教育金定投18年后是45岁。这时候,万一投资有亏损,还有能力赚钱。(千万记住,基金投资不是百分百赚钱,也有亏损的可能性)但是养老金投资到30年时,已经57岁,这时候万一出现亏损很难翻盘,所以,养老金要求更低风险。

我以投资30年为例选择投资阵型,第1个10年,可以选择3:4:3的阵型,追求10%的年化回报。第2个10年,选择4:4:2或者6:4:0阵型,追求年化4%—8%的收益。第3个10年,选择9:1:0或者10:0:0阵型,追求年化4%—6%的收益,降低风险,尽量不出现亏损。

第四步,选择投资基金。

我也给大家做一个示范案例,选取的是4:4:2的阵型。见表13.7。

表13.7 养老退休金组合演示

养老退休金基金定投演示组合(仅作演示,不构成投资意见)			
名　称	属　性	布局行业	比　例
兴全趋势投资混合(163402)	前　锋	化工/银行/科技/医药	10%
富国天惠成长混合(161005)	前　锋	科技/半导体/化工/电器设备	10%
国富弹性市值混合(450002)	中　场	消费/金融/医药	15%
交银优势行业(519697)	中　场	消费/金融化工	10%
易方达安心回馈混合(001182)	防守中场	科技/房地产/消费/汽车零部件	15%
招商产业债(217022)	后　卫	纯　债	20%
南方宝元债(202101)	后　卫	偏　债	20%

适合人群:新手,风险可控。
预计最大亏损:15%;据测算,近三年组合最大回撤率9.501%。

第五步,测算风险。

三年最大回撤率是9.501%，风险低。

第六步，完成定投表。见表13.8、表13.9。

表13.8 养老退休金定投计划表

定投计划表			
月收入（元）		每月定投金额（元）	
月开支（元）		计划投资年限（年）	
月结余（元）		期待年化收益率	

表13.9 养老退休金定投组合表

定投组合			
名　称	属　性	布局行业	比　例
（可以不填满）			
近三年组合最大回撤率：			

7 建立止损和止盈规则

现在讲讲大家最关心的问题，定投要怎么止盈和止损。俗话说："会买的是徒弟，会卖的才是师傅。"把握基金的卖出时机是一门不简单的学问。

7.1 止损

先说止损，基金定投我不建议止损，但前提是选择的基金没问题。为什么这么说呢？我们先回顾一下第十一章给大家讲过的知识。只要满足三个条件，定投赚钱的概率是很大的。

第一，要选对股市走势长期向上的市场。在前面我分析过两个案例，美国的纳斯达克指数近几十年的走势是一路向上，但日本的日经225指数却是一泻千里。为什么会出现这么大的反差呢？因为股票市场的长期走势和国家经济的增长是正相关关系，日本自20世纪90年代的房地产泡沫爆发后，经济发展就一蹶不振，而美国经济依然维持稳健增长。我国是世界第二大经济体，经济增速在世界也是名列前茅，所以我国股市的长期走势肯定也是增长的。

第二，要选对基金。即便是在一个长期增长的市场，不同的基金表现也大相径庭，所以如果基金没选好，止损是应该且必须的。

第三，需要长期坚持。即便是再优秀的基金，波动性也会很大，所以如果在低点止损，是一件非常可惜的事情。在基金下跌的时候，我们可能更应该加大定投的金额，因为这是一个以低价买入筹码的好机会。

所以，对于定投，如果基金和组合没问题，不建议止损，应该坚持下去。

很多朋友可能会有疑问，如果定投不赚钱，怎么知道是不是基金的问题呢？我们可以从三个方面建议。

第一，本书的前面部分已经讲解了如何挑选基金和构建组合。在挑选基金和构建组合的时候，多看几遍前文总结的核心知识，相信构建一个优秀的基金组合并不是一件难事。

第二，对于基金的评估至少要以三年为一个维度观察基金长期业绩状况。

第三，对于基金的评估，可以用其他相似基金的业绩为参照物，做比较，并分析原因。

7.2 止盈

本书第十二章介绍了七大止盈策略，我推荐使用估值止盈法。

本书第九章介绍了几种好用的估值指标，搭配使用胜算会更高。如果精力不够，可以重点关注市盈率和股债收益比这两个指标，它们的准确性是最高的。一方面，要观察指数的市盈率，市盈率百分位是高还是低。一般来说，市盈率在30%以下是不错的买点，可以增加定投资金；市盈率在70%以上，风险就大于机会，要保持警惕，可以考虑停止定投或适当减仓；市盈率在90%以上，我建议将大部分的基金资产止盈。另一方面，还可以通过股债收益比观察股市的性价比。股债收益比越高，股市就越值得投资。一般来讲，当股债收益比在1.4以下时，风险较高，可以考虑止盈；当股债收益比在2.2以上时，机会较大，可以考虑增加定投资金。

另外，情绪止盈法和回撤止盈法也都是不错的策略，建议搭配估值止盈法一起使用。比如判断当前的市场估值过高时就可以结合情绪止盈法判断。

8 建立攻防转换方案

建立攻防转换方案分以下几种情况。

第一，组合的某类基金明显高估或低估。比如组合中有一支消费型基金，但是消费行业的估值已经非常高了，就可以逐步将这支消费基金止盈。止盈的这部分资金可以根据相应情况决定是否继续投资。比如某些行业被明显低估，就可以定投这类行业的基金。如果没有特别好的基金，就可以将止盈的资金转入纯债基金，等待下一次投资机会。同样，如果消费行业明显被低估，就加大这支基金的投资比例。

第二，当整个市场明显高估，首先要考虑是不是要停止定投了。其次可以变换阵型，比如原本是3∶4∶3的阵型，可以调整成4∶4∶2；如果市场估值进一步提高，就可以转成5∶4∶1；如果市场的风险明显大于机会，就要考虑止盈。比如根据上面所讲的策略逐步止盈，并将止盈的资金转入纯债型基金，耐心等待下一次的定投机会。

第三，当整个市场明显被低估，首先可以考虑加大定投的金额。比如原本每月定投3000元，在条件允许的情况下，可以提高到4000元甚至5000元。其次可以变换阵型，比如原本是5∶4∶1，可以调整为激进的4∶4∶2。

总之，方法是非常多样的，并没有一成不变的套路，注意学会灵活运用。

第十四章

钱换不来的经验

对于投资，除了知识，心态也一样重要。我总结了一个公式：

投资成功 = 50%的知识 + 50%的心态

心态来自每一次面对失败投资的反思；每一次面对错误决策的复盘；每一次面对恐慌时的紧张；每一次面对贪婪时的自傲；每一次面对赚钱时的扬扬得意；每一次亏钱时的痛心疾首。

心态的成长，很难通过读书学习去达成。巴菲特说："别人恐惧时我贪婪，别人贪婪时我恐惧。"道理大家都懂，但是做到却太难。比如股市从5000点跌到4000点，你觉得跌了很多，杀进去了；继续跌到3500点，你投入补仓；又跌到3000点，你快撑不住了，决定殊死一搏，把最后一点积蓄也砸进去；接着，股市跌到2500点，你崩溃了，割肉，卖在了最低点。

这就是大部分人亏钱的真实写照。资本市场是看不见硝烟的战场，投资必须克服人性的弱点，必须在一次次实战中反复历练，总结经验，慢慢地完善自己，使自己面对各种各样复杂情况时也处理得更得当。

知识部分的提升有很多种方法，而心态部分的提升唯一的途径就是不断用实战磨炼心智，每一次亏钱，都让自己进步一点点。所以，我觉得只有完整经过牛熊市洗礼的人，才能在资本市场称为战士。

我从2011年初入股市，到现在刚好11年。其间经历过三次比较大的波折，特别是第一次，被打击到怀疑人生，甚至再也不想碰投资了。如果能克服每一次痛彻心扉的失败，失败就会成为成长的垫脚石。

我以我十年来的投资经历给大家复盘四段故事，每一段故事都真实发生在我身上。希望通过我的真实经历，帮大家少走一点弯路，避开一些坑，不犯同样的错误。

我的四段故事是以股票投资为主，但投资道理和基金差不多，基金投资和股票投资是相通的，只是基金投资更简单，更适合投资小白。

1 第一次失败

你工作后的第一笔积蓄买什么？注意，是第一笔超过20万的积蓄。估计大部分人会买车或者买房，而我全部用来"学习"了，我把头三年工作赚的绝大部分钱，都捐给了股市，被股市割了韭菜。

为什么刚开始就能亏这么多钱呢？请听我讲第一段投资经历。

我和大部分人的经历不同。一般情况下，大家都是先接触基金，然后接触A股，最后有兴趣再接触港股和美股，投资风险是逐级增加。而我一开始，就机缘巧合接触了美股。

一开始就接触美股有两个原因：第一，当时我在阿里工作，从事互联网工作；第二，有一位同事带我入行。

1.1 第一年（2011年）

刚开始，我拿了1万美元试水，印象非常深刻，买入的第一只股票是QIHU，也就是安全公司360。这是刚刚打完3Q大战（奇虎360公司与腾讯公司间的互联网纠葛）的第二年，360名声大噪。可以说，当时的中国网民没有人不知道360安全卫士。2011年，360公司赴美上市。我个人也十分看好它的发展，因此用1万美元一次性买入360公司，价格大概是19美元。

在买入后的前三个月，股价一直在20美元左右徘徊，其后不久开始上涨，不到半年，就涨到了60美元。第一次投资就赚了几倍，而且只用了半年时间，这让我觉得自己特别有投资天赋。于是，准备加码。

我拿到年终奖又加仓1万美元。入市一年后，2万美元的本金，变成了3.5万美元，收益率高达70%。赚钱的滋味非常美妙，这可比辛辛苦苦上班容易多了。

1.2 第二年（2012年）

在尝到甜头之后，第二年，我又把存下来的钱全部投入了股市，再次加仓2万美元。这次，我选择了另外一只中概股（中概股一般指中国概念股）——欢聚时代。这家公司，是当年最风靡的语音聊天软件YY的母公司。

我选择这家公司的逻辑是它很赚钱，并且各个业务板块发展得很均匀，没有明显的短板。广告收入、游戏收入、秀场收入（最早期的直播打赏平台）、会员增值业务基本上是各占收入的1/4。这种多元化公司在资本市场上比较受欢迎，并且特别好讲故事。

我把新资金又一次性地全部买入这家公司。当时的价格应该是20多元。这一次，我的运气又是非常好。在买入后不到半年，它的股价涨到了40多元。

第一年本金2万美元，涨到了3.5万美元，加上第二年的本金2万美元，一共是5.5万美元。在经过了第二年的一系列操作后，整体又赚了50%，账户中已有8万多美元。

此时，我只不过是一个刚工作两年的毛头小子，账户里的资金已经超过50万元人民币，于是开始飘飘然，觉得自己不论是选股还是择时，都非常厉害。殊不知，其实只是运气。

不断的胜利，让我开始不满足于股票投资，接下来开始尝试一个新的金融产品——期权。

期权，从字面上理解就是未来的权利。举个例子，假如一个股票现在10元/股，我现在买入一份执行价为12元的看涨期权，如果我猜对了方向，这个股票股价大涨，比如涨到了30元/股，我仍然可以以12元/股的价格买入，等于净赚18元，很多读者可能会问，既然如此，为何不直接买股票呢？因为直接买股票需要很大的资金量，而买期权的话只需要一点点期权费，也就是说，期权这个工具可以撬动巨大的杠杆！同时期权也是一把双刃剑，如果没有猜对方向，期权就作废了，期权费也全部损失了。

1.3 第三年（2013年）

前两年赚到钱的经历让我越来越自信，错把运气当实力，以至于后来我将工作赚到的所有钱，都投到了股市里。第三年，又增加了3万美元的本金。此时的账户里已经有11.5万美元。

第一次买股票期权，时间是2014年。当时我选中的标的是优酷网，那一年也是优酷刚在美股上市不久。在优酷公布Q2（第二季度）财报前，因为在互联网行业工作，我从多方渠道获取的数据反映优酷网当季财报非常好，各项数据都很亮眼。于是在前一天晚上，我买了2000美元的优酷CALL（看多期权），选择的有效杠杆率是10倍。也就是说，如果第二天优酷涨10%，那我就能赚100%。

第二天公布财报时，的确数据很好。开盘后，优酷的股价就涨了10%，随后我就把这份看多期权合约卖掉，顺利赚到2000美元。一夜之间，就赚了2000美金！在当时这是我单日赚得最多的一次。在体会到了赚快钱的感觉后，便一发不可收拾，后面开始频繁地操作期权。

至此,我进入股市已经两年多,在这两年多的日子里,虽然也有小亏,但整体来看,是一直在赚钱,并且不仅仅在股票里赚钱,在期权里也赚钱。这让我的内心越来越膨胀,身边有朋友开始对我提示风险,但我根本听不进去,甚至觉得其他人是鼠目寸光。在多年后,随着认知不断提升,我觉得当时就是达到了邓宁-克鲁格心理效应中的"愚昧山峰"。见图14.1。

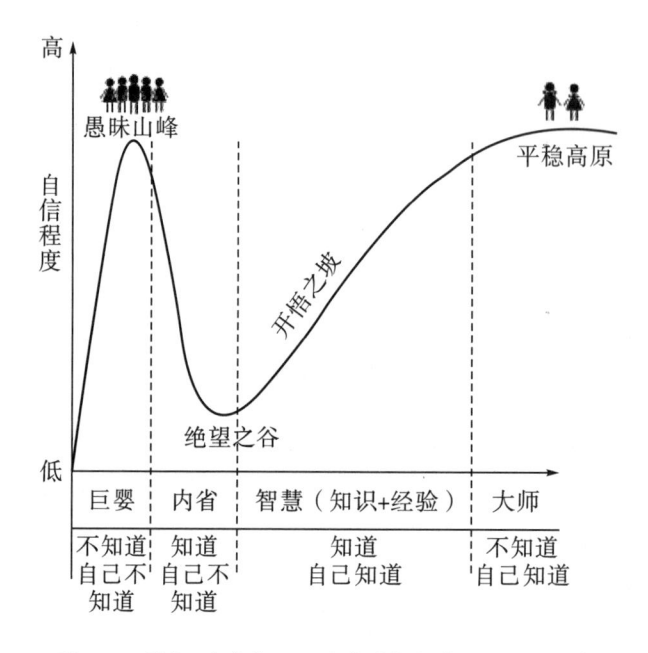

图14.1 邓宁-克鲁格心理效应(数据来源:互联网)

天狂必有雨,人狂必有灾,一场灾难正在悄悄降临。大家对美股可能不熟悉,2011—2013年是美股科技股的牛市,基本上随便买一只热门赛道的股票,都能翻2至3倍。我的转折点来自一次期权交易。

1.4 第四年转折(2014年)

看着账户里的钱不断上涨,我决定来一次重磅下注。如果成功,差不多能一次性赚到近10万美元。对于这次下注,我做了充分准备。首先从所有公司里选择10家个人看好的公司,最终再从10家里筛选2家。这2家,一家是苹果,另一家是新浪。

选择苹果,是因为在2014年9月,苹果将推出首款大屏手机iPhone6。这对于苹果公司来说是划时代的产品,也是后乔布斯时代苹果第一次重大的产品创新。我判断首款大屏手机一定会大卖,并且我还特意做过市场调研,大部分iPhone机主都表示愿意升级到大屏手机。但缺点是，苹果当时的股价已经超过3000亿美元，是全球市值最高的科技公司。股价已经这么高，历史上还没有哪家科技公司可以一直涨，我心里也存在一点小担心。我认为新浪确定性更大。作为当年互联网最火的产品之一——新浪微博，即将独立上市。这个产品是新浪当年足以挑战腾讯地位的社交产品，可见其火爆程度。并且新浪微博的预估市值已经是新浪母公司的5倍以上，一旦微博上市成功，新浪作为其母公司将成为市场最大的赢家。

经过反复的思考、比对、斟酌，我选择了确定性更大的新浪，新浪微博上市是板上钉钉的事，于是买了2万美元的新浪公司看多期权，有效杠杆率选择的是4倍多，接近5倍。

结果让我一生难忘。新浪微博的确上市了，但是股价表现却很一般，发行价19美元，后面一年时间都没怎么涨，反而在2015年差点跌破10美元大关，母公司新浪表现就更惨了。由于加了4倍多的杠杆，期权亏损起来就更凶。随着交割日越来越近，期权的价值越来越低。最终2万美元跌得只剩1000多美元。

更可气的是，当年iPhone6大卖，在业绩暴增的情况下，苹果的股价一年内涨了50%。如果我当时选择苹果，加上有效杠杆，2万美元会变成5万美元。

福无双至，祸不单行，在损失掉这一大笔钱后，2014年下半年中概股的一轮牛市也走完了。大量的中概股开始下跌，到年底已经有很多公司的股价被腰斩。

2014年，成为我投资生涯的第一个滑铁卢。账户里的钱，从最多时十几万美元，跌得只剩4万多美元。年底全部卖掉，清场。整体算下来，本金一共是7万美元，最终不仅赚的钱全部亏没了，就连本金也损失了3万美元，非常难受。

如果一年亏掉20万元，你可能不会那么难受，但是如果让你前两年先赚60万元，然后再亏掉80万元，你一定会非常难受。这就是亏损厌恶理论，亏钱的痛苦远远大于赚钱时的快乐。

这就是我第一段真实的故事，也是我记忆最清晰、感触最深刻的一段经历。已经过去快10年了，但是其间的每一个场景、每一种想法我都记忆犹新。在后来的日子，针对这一次失败，我进行了多次的复盘。并且在每一次赚到很多钱和亏掉很多钱时，我都会拿现在的心态去和当时做比较。如果当时再重来一次，我会怎么选择？面对现在的情况，有过当年的教训，我能改进什么？

正是由于这种不断反思，不断复盘，促进我不断进步，第一次亏的这几十万，日后为我带来了大量的财富。

1.5 总结

这一段经历的教育意义很强，原因是犯了大部分人都会犯的错误。我讲得很细，希望能对大家有一点启发。这个故事是有血有肉的，对此我有几点总结：

（1）亏钱要趁早

在资本市场，没有亏过钱的人一定是不完整的。赚钱会让人膨胀，只有亏钱才会让你对金融市场充满敬畏。资本市场里是天外有天，人外有人，一旦开始膨胀，就离亏钱不远了。在投资里，最怕的就是错把运气当实力。在牛市里，个个都是股神。就像当年的我，赚钱其实是因为大的市场环境好，个人因素占比小。但我却误认为自己很强，最终只能用金钱为自己的错误买单。

这就像2021年的股市，很多新手投资者是2020年开始买基金，由于市场好，赚了不少钱，就错以为自己能力很强，买基金收益很高，结果在第二年栽跟头。

其实刚入市就经历亏钱是好事，是福气。越是亏，你就会越谨慎，越注意风险，这将为以后赚大钱打下坚实的基础。年轻的时候本金并不多，所以亏也亏不了多少钱。但是如果一直赚钱、一直赚钱，最终亏一波大的，可能整个余生都没能力偿还，比如美国传奇投资人威廉·江恩和利弗莫尔，晚年都比较惨淡。

（2）分散投资

大部分人早期投资喜欢孤注一掷，我早期就是这样。因为孤注一掷很刺激，能赚很多钱。

在那次苹果和新浪二选一的时候，如果两只各买1万美元的话，苹果的1万变成2.5万，新浪的1万变成500，那最终还能赚5500美元，而当时的结果是亏1.9万美元。这就是分散投资的意义。

分散投资，能整体降低我们资产的风险。

（3）风险搭配

我亏钱还有个原因，就是不断去尝试风险越来越高的产品。为什么会这样？因为一直赚钱，所以就想去挑战更高难度、更刺激的项目。有句话说："淹死的都是会水的。"其实投资里也一样，亏钱的都是自认为很厉害的人。

在做长期投资时，我们一定要做风险搭配，低风险、中风险、高风险合理搭配。这就是我前面讲的要建立投资阵型，要有后卫、中场、前锋。而当年我的投资，在期权交易上，已经不属于前锋，而是属于炸弹了。我配置了高比例的炸弹，结果把自己炸飞了。

我不反对大家使用高风险的产品，但是一定要和自己的能力匹配，并且一定要把比例控制在很小的范围。

（4）长期持有

我在2014年底，清仓了美股。过几年后再看，基本上是卖在了最低点。在经历了2014—2015年的低谷后，美股的中概股再次发起冲击。如果当时一直拿着不卖的话，后面也赚了好几倍。

投资，特别是基金投资，一定要有长期的思维。哪怕买基金买在了A股近10年的最高点5178点，5年后，绝大部分基金都回本了，有些基金甚至还赚了很多。

美股的第一段征程以失败而告终。第二个故事是第一次进入A股市场。有没有打胜仗呢？

2 第一次进A股

在美股投资的前三年，第一年赚了70%，第二年赚了50%，第三年亏了50%。为什么会亏钱呢？如果本金不变，假设第一年投入10万元，最终应该变成12.5万元。但实际情况是我在第二年和第三年分别加了仓。

这是股市里最常见的亏钱原因，叫作"倒金字塔加仓"。并且，大部分人亏钱不在熊市，而是在牛市。

普通人大都有暴富梦，但是每次大牛市下来暴富的都是极少数，大多数人成了炮灰。

很多散户在赚钱后，都自觉或不自觉做出了倒金字塔加仓，也就是点位越高的时候，加仓越多，最终亏了大钱。

举个例子解释一下倒金字塔加仓（见图14.2）：

1. 小明在股市2500点的时候，买了10万元的股票。

2. 股市涨到3000点，小明赚了2万，觉得自己买少了，有点后悔，又买了10万。

3. 股市涨到4000点，小明又赚了6万，一共赚了8万。这时非常后悔，觉得自己就是股神，应该多买点，于是又买了20万。

4. 股市涨到5000点，小明又赚了10万块，一共赚了18万。这时他更后悔自己为什么没多买点股票，觉得自己此时比巴菲特还牛，下定决心要大干一场，又买了50万。

5. 风云突变，股市跌回了3000点，一下亏了40万，账户总额减去之前赚的18万，实亏22万。

6. 是继续套着等回本，还是割肉止损？小明陷入了深深的矛盾。

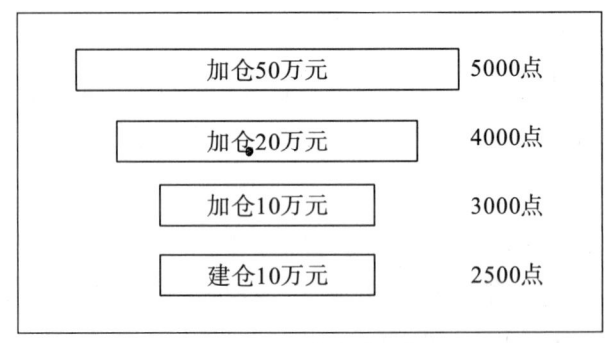

加仓50万元	5000点
加仓20万元	4000点
加仓10万元	3000点
建仓10万元	2500点

图14.2　倒金字塔加仓

大部分人在股市或基金投资中，都会像小明一样错误加仓，最终因为贪婪亏了大钱。

散户的心态就像图14.3一样，把手里最大那笔钱一把加在4和5高点。浮赢加仓，一把亏光！在顶部加了仓，哪怕市场才跌到7的位置，所有的利润也都亏光了。

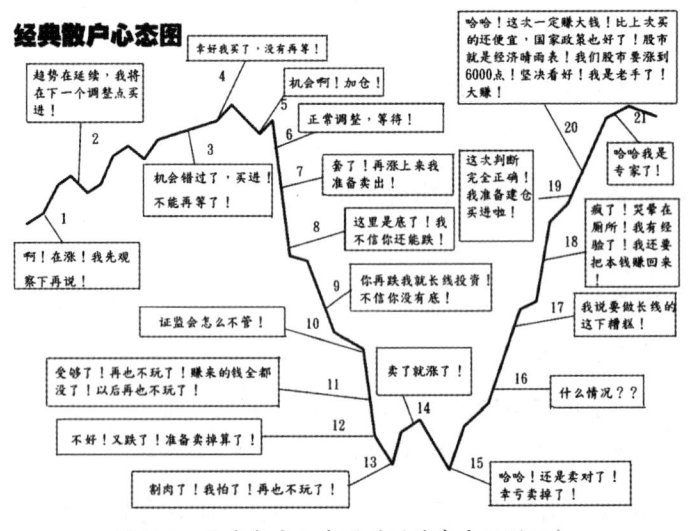

图14.3　经典散户心态图（图片来自互联网）

一般来说，大部分投资者在熊市里不会投入太多，而会小心翼翼地进出，即使下跌，损失也不会太大。

资本市场最厉害之处往往就是牛市，因为牛市给人暴富的幻想，满足了人性的弱点，使人受诱惑愿意下重注，最终成为被收割的韭菜。

这就是传说中的捧杀！2015年就是A股最著名的捧杀！

经历了美股的教训,这一次我的投资策略成熟了不少。在2014年底,我开通了A股股票账户,当时觉得A股的机会可能要来了。2015年初,我在上证指数3500点左右的位置进入了市场,随后的几个多月一直涨,很快就浮盈了50%。

2015年5—6月,似乎任何时间、任何地点、任何人都在谈论股票。打车时,司机会跟我聊股票;吃饭时,餐馆的服务员也在聊股票;参加同学聚会,很多同学给我推荐股票,股市真的很疯狂。不过这一次,我没有再次加仓。

但其他人就没那么幸运了,很多朋友把所有的积蓄拿出来投入股市,甚至有朋友卖掉了深圳的一套房子,将拿到的300万元投入股市(这套房子5年后,涨到了1000万元)。我劝他们要冷静,而他们的反应就如我当年一样。

依稀记得,很多人把大部分的仓位加在了5000点左右,他们坚信股市会涨到6000点。因为在2007年,A股大盘涨上过6124点。人们往往会抱着侥幸心理,认为最后一个接盘的倒霉蛋肯定不是自己,都想冲进去再赚一波,然后走人。

图14.4 2015年上证指数(数据来源:东方财富网)

6月12日,A股迎来近10年来最辉煌的一天,站上了5178点。当人们都疯狂喊着破万点不是梦时,转折来得太快。随后就开启了半年的暴跌期,从最高点5178,跌到了最低点2638,无数人倾家荡产。我身边最夸张的一位,是从巅峰赚1.5亿,到最终亏1亿离场。杠杆全部爆仓,连等翻盘的机会都没有。

惨烈的场面不再过多描述,我在微信公众号上曾详细写过一篇2015年的惨烈状况,有兴趣的可以看看。

面对这次股灾,我非常平淡。我2月入场,几个月赚到了50%,但鉴于过去的教训,我没有持续加仓,只是一直持有,后来在利润跌没时果断离场了。最终是在这一波行情里打平,整体而言觉得还不错。

这轮行情中间有个插曲，在4—5月的时候，我手上当时有一大笔钱。有两个朋友劝我赶紧入市，趁着市场好让钱翻倍。讲实话，看到那么火热的行情，我也心动过，但是鉴于上一次的教训，我没有去追高。如果追进去，后果将不堪设想，可能几年都缓不过来。这也许就是成长，别人贪婪时，我已经开始克制。

3 连续经历4次熔断

经历2015年大牛市转大熊市后，后面两年我整体投资风格偏稳健。2016年没有投资美股，2017年重回美股。2017年，我在A股买入大量的价值股、白马股，开始了长期的价值投资。到2018年，由于货币政策开始收紧，再加上中美贸易摩擦，A股跌了一整年，前一年建仓的白马股也有不少损失。

图14.5 2018年上证指数（数据来源：东方财富网）

不过面对2018年的大跌，我认为是机会。一方面是货币政策导致的周期性下跌，那些白马股的公司业绩是非常好的。另一方面是受贸易摩擦带来情绪不安影响的大跌，在情绪被消化完后，核心业务不依赖美国的那些公司，基本面没有发生变化，一定还会涨回来。所以，我没有做任何减仓，反而还在2018年开始了基金定投。

2021年的情形和2018年有点像，由于外部市场的扰动，叠加货币政策收紧，再叠加之前涨了不少，从而引发股市下跌。但是经历了2019年和2020年的大涨后会发现，在后面两年赚到钱的，最好的买入时机就是2018年的下跌期。

基金投资是一个长期的过程，在一个大周期里，低位建仓，高位止盈。越是大跌的年份，越是长期投资很好的买入时机。2017年、2018年两年的投入，很快在2019年获得丰厚的回报。2019年整年基本上都在赚钱，一直持续到2020年春节。接着，全球爆发巨大的黑天鹅事件，疫情来了。

疫情的到来，让全球正在上升的股市戛然而止。春节后A股开市的第一天2月3日，就迎来大跌。上证指数单日暴跌7.72%，创下了自2015年以来单日最大跌幅。2019年上证指数辛辛苦苦一年，从2440点涨到3288点，开年第一天跌回2716点，我的利润也回撤了一半。

好在我国疫情防护控制得非常好，全国的疫情很快得到了有效控制，股市开始回暖，一个月内又重新站上3000点。然而，亏钱效应才刚刚开始，很多人一看到股市急涨，便开始追高，不料新一波情况来了。

中国的疫情虽然控制了，但是海外暴发了。其他国家根本控制不住疫情，全球恐慌。其实在疫情暴发前，美股已经出现了凶兆。

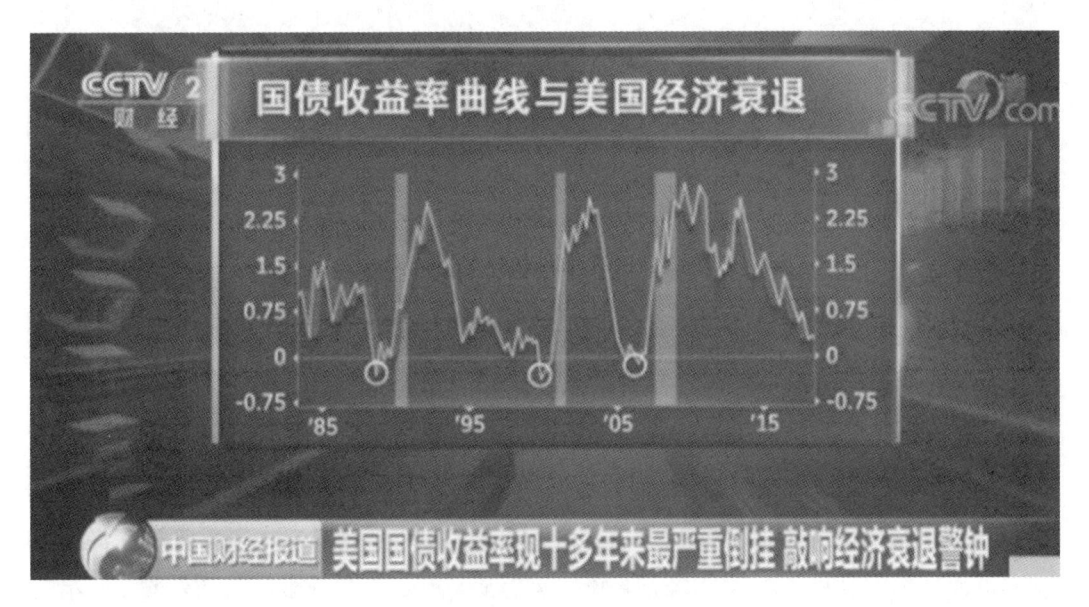

图14.6 美国国债收益率倒挂（数据来源：CCTV-2）

在2019年底，美国出现国债收益率倒挂，2年期利率大于10年期利率，这种情况一般在市场对未来经济持悲观态度的时候才会出现。美债收益率倒挂的情况，美国一共只发生过4次，分别发生在1978年、1989年、2000年和2006年。倒挂后，都出现了不同程度的经济衰退甚至经济危机，被称为"倒挂诅咒"。

美股从2019年底开始暗潮涌动，埋藏在底部的炸弹随时都可能爆炸。疫情成了引爆这颗炸弹的导火索！

2020年3月，10天内，美国股市连续触发了4次熔断，场面惨烈。这是美股百年历史从未发生过的。举一个例子就知道事态的严重性，在3月8日前，89岁的巴菲特在整个职业生涯中只遇见过一次美股熔断，而随后的10天，却发生了4次熔断！许多人见所未见，甚至闻所未闻！

一个月时间，道琼斯指数从29568点跌到18213点，跌幅38%；纳斯达克指数从9838点跌到6631点，跌幅32%。此时，我也深处整个事件的旋涡。

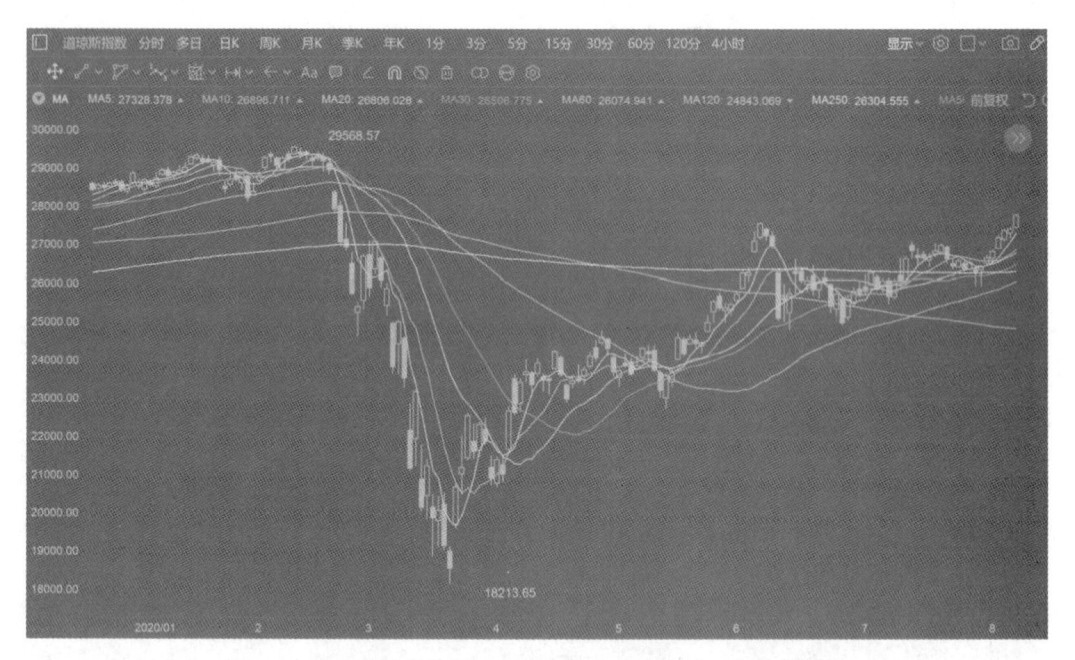

图14.7　美国道琼斯指数2020年走势（数据来源：富途牛牛）

疫情暴发之际，我被封在湖北省襄阳市。每天看着感染人数增长，迟迟没有拐点，心里充满焦虑和恐慌。同时，在疫情暴发前，我的A股和美股基本都处于满仓状态，也就是说，硬生生吃下了一波大跌，辛辛苦苦三年赚得盆满钵满的利润，一波大跌几乎亏尽。

这是我入市以来感觉到最恐慌的一次，心灵和金钱受到双重打击。一方面被困在疫情中心，内心十分焦虑，万一疫情控制不住怎么办！另一方面，每天白天看着A股十几万的缩水，晚上看着美股几万美元的跌回落，并且持续很多天。

在3月16日，A股再次大跌3.4%，美股更为夸张，大跌12.93%，造成了第4次熔断。正是这第4次熔断，是跌的最多的一次，成了压死绝大多数人的最后一根稻草。无数基金爆仓，无数人割肉。此间我和一些国外的投资朋友交流，他们都说这一次的大跌远超主流投资机构的想象。

此时的我，依然还是满仓扛下了所有的跌幅。面对3年努力几乎全部付之东流的局面，难免失落和迷茫。本以为自己不论是心态还是技巧都已经越来越平和和精湛，却在这一刻，所有攒下的骄傲都被市场无情地击穿。

正是这一天，我的恐慌情绪达到了顶点，不仅是对股市担忧，更是对未来全球的经济担忧。随着疫情的蔓延，如何让全球经济恢复才是更值得深思的问题。这时我考虑，要不要减仓或者清仓，先暂时远离风暴的中央，留得青山在不愁没柴烧，毕竟本金基本还在。

恐慌中，唯有看书可以解忧。那段时间，我基本每天都是凌晨2点后睡觉，早上11点多起床，过着黑白颠倒的日子。除了写文章、看数据以外，做得最多的事情就是读书，特别选看描写2008年次贷危机、1987年"黑色星期一"的书籍，从书中体会大师们当时的心境。

第一，看书可以得到很大的启发。第二，回顾2014年的感悟，我深刻地体会到割肉不要割在最低点，哪怕是亏损，也可以用时间去换回利润。只要投资的股票、基金基本面没有大的问题，最终都会涨回来。第三，痛苦的不止我一个人，也期待美国会有一些措施挽救股市、挽救实体经济。

亲爱的读者，读到这里，你可能还无法体会我当时的心境，当时真是已经达到恐慌和焦虑顶点，甚至已经开始失眠。在经过激烈的思想斗争后，最终艰难地为自己做

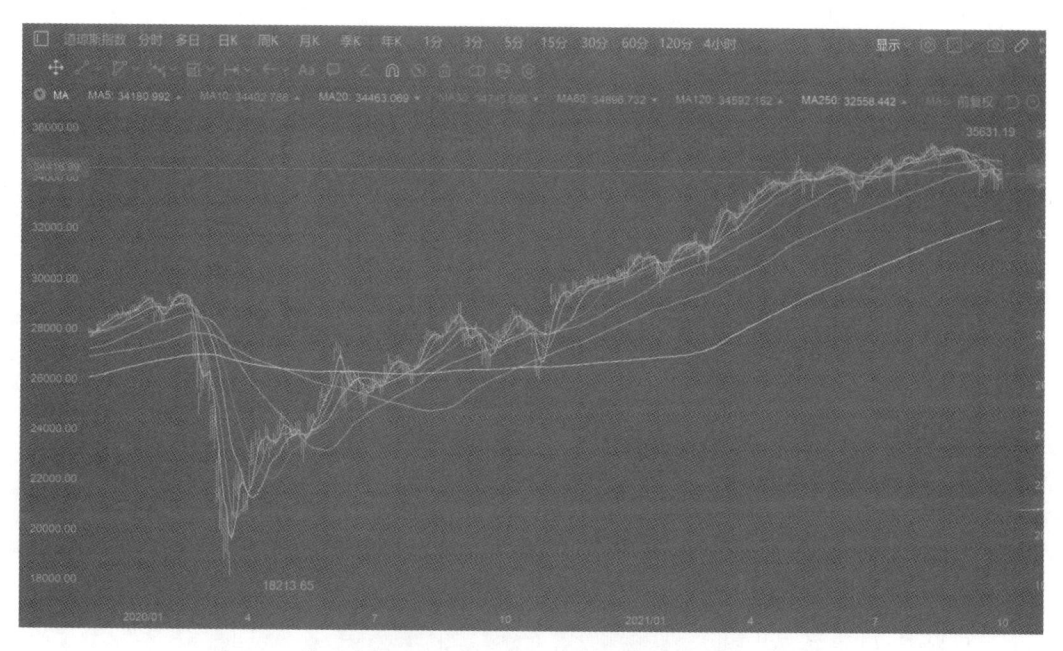

图14.8　美国道琼斯指数2020—2021年走势（数据来源：富途牛牛）

了决定：仍然持有不卖，如果再跌20%，开始减仓。

　　事实可能就是这样，当你在崩溃的边缘，当你快要撑不下去的时候，可能曙光也即将来临。随后，美联储开始发威，伴随着直升机式的撒钱，硬是把股市救了回来，并且还创造了一轮新的大牛市。

　　随后的日子里，美股势如破竹，一路高歌猛进，很快就突破了疫情前的高点，并一路向上。我也正因为没有在最低点割肉，利润部分很快就全部回来了，并且股票利润不断创新高。正是因为经过激烈地斗争吸取了前几次的教训，才让自己没有被同一块石头绊倒。我认为这是我投资生涯中第三次重要的事件，也是截至目前，遇到的最大的一次风浪。经过了这次大跌的洗礼，底层投资逻辑再次得到提升。未来会有更多更大的挑战，但我相信，这些经验和教训，能让我更从容地去面对。

　　6月，在进入一波小高潮后，我开始了一定程度的减仓，并加入了一些对冲策略。用今天的视角来看，这些操作让利润变少了，如果没有这些操作结果可能会更好，但是现在让我评判，我依然认为是正确的。因为，这些策略降低了风险。

第十五章

基金投资的未来展望

1 美国市场的表现

如果把过去100年美国市场的表现分成过去30年、过去60年和过去100年三段时间周期,其间金融资产都是涨得最多的。

其中过去30年,股票市场表现尤为突出,平均年化收益率高达8.3%,非常可观。见图15.1。

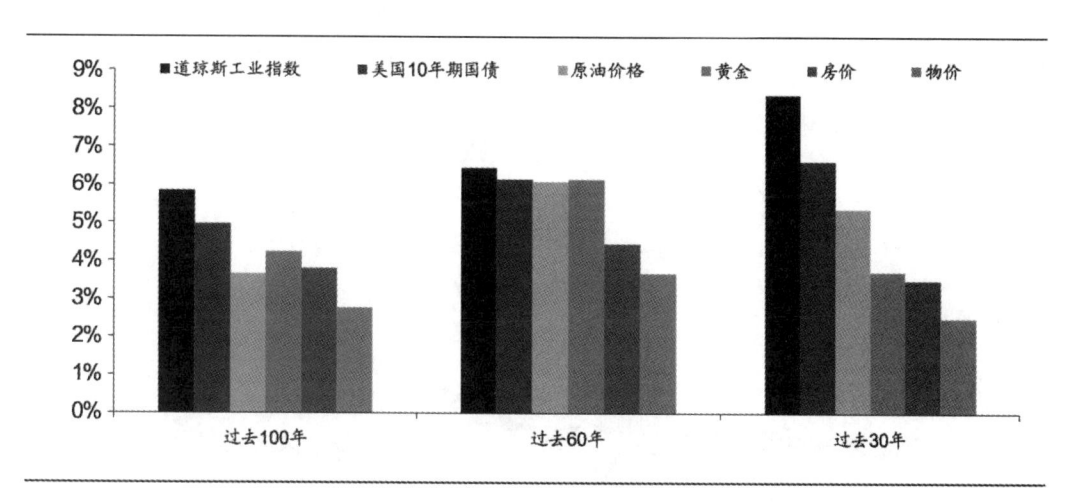

图15.1 过去100年、过去60年、过去30年各类资产年均涨幅(数据来源:Wind,海通证券研究所)

其实,美国金融市场也出现过滞涨期,房地产有过突出表现。我们经历过的时代,美国都曾经历过。

1.1 金融滞涨期

虽然从三个时间周期看,股票市场的收益都排第一,但是也出现过十年不涨的时期。

1970—1980年，被称为美国"金融资产的垃圾十年"。1970年12月道琼斯工业指数为821.5点，到1979年12月道琼斯工业指数只有836.1点，10年几乎没有上涨。其间，投资债券甚至出现亏损，不论是投资股票还是债券，这10年都没跑赢物价指数，根本起不到资产增值保值的作用。

核心的原因有几方面：

第一，中东局势的动荡，导致油价猛涨。

第二，布雷顿森林体系的解体，导致美元信用下降，黄金信用上升，黄金价格持续大涨。

这两类商品价格的大涨，表现出极强的投资价值，从而在一定程度上抑制了股市的发展。

第三，高通胀。原油是最重要的上游原材料，由于石油价格大涨，美国陷入高通胀，通胀上行带动利率大幅上行。前面讲过，股市最看重货币流动性。高利率下，人们会选择把钱存在银行，货币市场流动性就差，股市表现就差。

第四，美国经济下滑。美国GDP在1974年和1980年甚至出现过负增长。股市的表现和国家经济发展呈现正相关，国家经济不好，企业的经营难以改善，股市表现就差。但这个阶段，美国房价的表现还算不错。见图15.2。

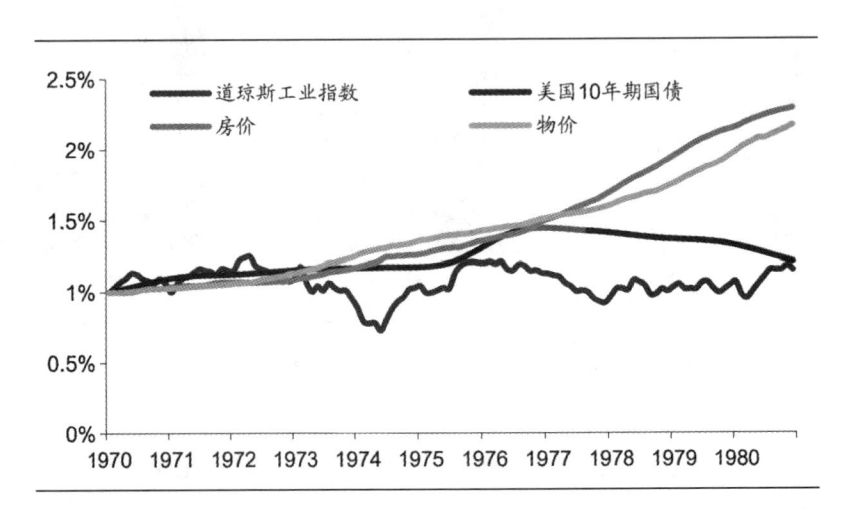

图15.2 1970—1980年股票、债券、房价和物价的累计涨幅（数据来源：Wind，海通证券研究所）

1.2 股债牛市40年

1980年后,美国正式迎来了长达40年的股市大牛市,这是真正属于股市和债券的辉煌时代。

自1980年至2018年,美国道琼斯工业指数涨了27倍多,债券也涨了20倍多。相比之下,物价只涨了2倍多。可以看出,股市、债券是远远跑赢物价上涨的。见图15.3。

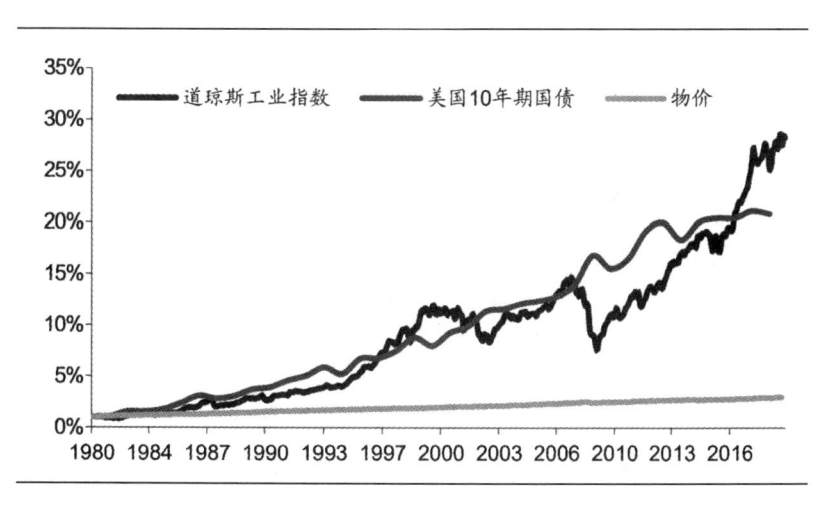

图15.3　1980年后股票、债券和物价的累计涨幅(数据来源:Wind,海通证券研究所)

这段时间,对比其他商品价格,房价表现最好,涨了接近5倍,而原油价格和黄金价格,均没有跑赢物价。见图15.4。

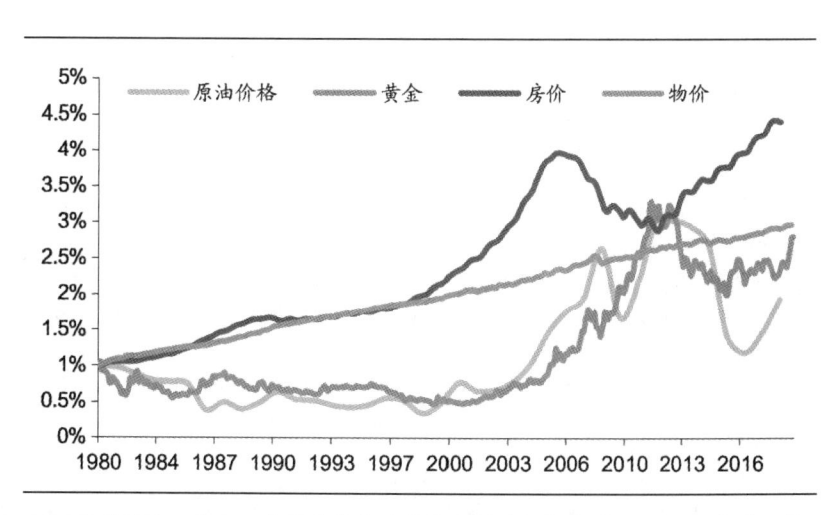

图15.4　1980年后原油、黄金、房价和物价的累计涨幅(数据来源:Wind,海通证券研究所)

为什么美国能出现长达40年的大牛市？

第一，美国经济高速发展。

第二，在经历了20世纪70年代的高通胀后，从20世纪80年代开始，美国一直保持低利率、低通胀环境，从而使美国企业能长期快速地发展，经营稳定，业绩增长。

第三，里根总统上台后，开始大刀阔斧地改革，坚定收缩货币，大力推行减税政策，让企业可以更好地轻装前行，同时大力扶持高科技企业，苹果、微软、思科这些耳熟能详的公司，基本都是20世纪80年代发展起来的。

第四，大量的美国企业全球化。大量科技企业业绩高速增长带动企业盈利能力不断上升，这让美国股市的上涨有了底层基础。

整体看，股票、债券是美国近40年最好的投资产品。之所以持续上涨40年，是因为美国经济的蓬勃发展。投资就是投国运，基金投资实际就是投资股票和债券，而产品的上涨取决于该国的经济发展。

2 中国市场的表现

过去20年，中国市场上涨得最多的是房价。房价表现远高于股市，是因为中国城镇化的推进，这同样属于历史机遇。

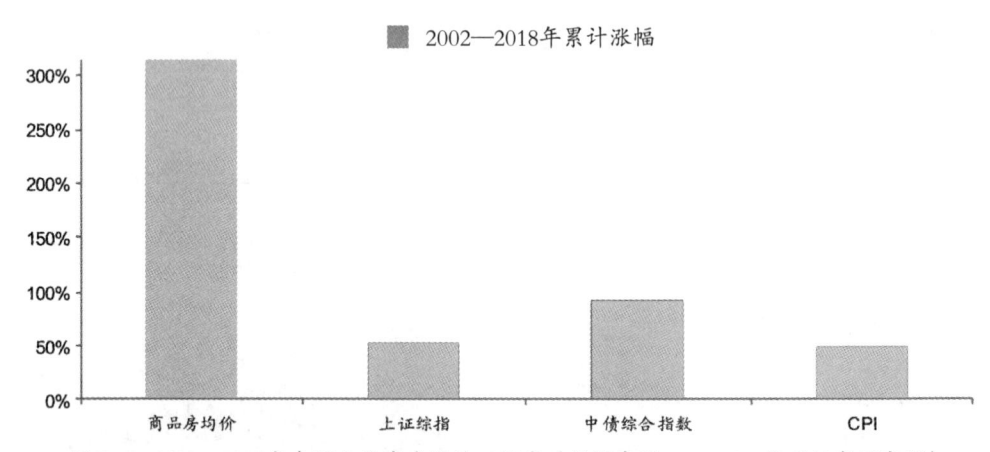

图15.5　2002—2018年我国大类资产累计回报率（数据来源：Wind，海通证券研究所）

2.1 房价为什么一直涨

30年前，大部分税收收归中央，这样地方政府就没有收入。为了维持城市的发展，地方政府开始卖地，这就是土地财政。

目前，我国地方政府财政收入的重要来源便是土地财政。老百姓掏钱买房，开发商拿钱买地赚差价，政府卖地换钱建设城市，这就形成了循环。城市更繁华了，交通更便利了，人口也增加了。就这样，我们看到一座座高楼拔地而起，开创了中国城市快速发展的30年。可以说，土地财政对中国城市的发展贡献巨大。

但是在这个不断变化的世界里，没有永远的政策。过去贡献巨大的土地财政，现在也逐渐显露出较大的弊端，就是把房价推得太高。

2.2 房价上涨不可持续

2021年6月4日，财政部、自然资源部、国家税务总局、中国人民银行联合发布通知称，将国有土地使用权出让收入在内的四项政府非税收入划转由税务部门征收。这其实就是在倒逼地方政府转型。

土地财政有一个很重要的因素，就是人口不断流入城市。截至第七次人口普查，我们的城市化率已经达到63%，比20世纪90年代的25%，翻了2.5倍。

城市化率到达一定水平就会进入瓶颈期，房地产增速也随之会降低。2021年，多家房企陆续暴雷就可以看出端倪。可以明确地讲，中国城市建设的发展，已经进入下半场。房价不能再疯涨下去了！

2.3 资本市场的机遇

从美国市场来看，在经历了房价快速上涨期之后，接棒房价上涨的是金融市场。并且持续涨了40年。

前面讲到，房地产是时代发展的产物，是中国城镇化推进的加速器。现在让热钱抽离房地产，进入企业的实际经营，金融市场是非常好的工具。不论是投资基金还是股票，实际上都是投资上市公司。这样一来，实体公司就可以通过一级市场、二级市场以及发行债券等多个渠道融资，助力企业、行业更高效发展。

可以看到，这几年国家对于证券市场不断优化改革，其目的就是给投资者、给企业营造更好的环境。中国经济加速朝着新动能、新产业、新消费方向转型升级，需要以资本市场为载体的直接融资体系的推动和引导。2020年A股推出的注册制，是更加符合市场化的制度。同时，中国资本市场与国际规则全面接轨，会成为更具包容性和成长性的多层次国际性资本市场。

近十年，中国金融市场越来越成熟，管理越来越规范，中国企业在国际上的竞争力越来越强，盈利越来越多。在大环境和时代机遇下，A股有望走出长牛。因此，我认为中国的金融市场，将成为下一个时代的"房地产"，承载起老百姓财富增值保值的梦想。

3 中国经济的走势

过去几十年，我国创造了人类历史上最快城镇化的壮举，仅仅用了几十年就走过了西方国家几百年的道路。在此过程当中，我们也创造了人类经济史上的奇迹，从1978年到2018年，我国的GDP总量也增长了224倍。

在这段波澜壮阔的历史进程中，有很多人清晰地看到了时代的方向，并且获得了成功。其一是房地产市场，城镇化使得大量人口集中到了核心城市，庞大的需求促使房地产市场的繁荣。其二是制造型企业，30年之前，我们的消费需求旺盛，但是供给不足，所以一大批制造型企业吃到了市场增长的红利。

如今，我们的城镇化率已经接近西方发达国家，房地产业的增速将会减缓。

当下，我们经济的核心增长点在哪里呢？哪些行业的机会更大呢？我个人看好三个方向。

第一个方向是清洁能源对传统化石能源的替代，也就是新一轮的能源革命。纵观世界，我们可以看到，每一次能源革命都对整个世界格局进行了重塑，以蒸汽机为主的工业革命成就了英国；以电气为主的第二次工业革命又给了美国机会。当今世界进入能源革命，我国已经处于世界领先地位，在光伏、风能、新能源车等领域已经形成了先发优势。在这种巨大的产业升级背景下，人类生产力快速提高指日可待，我们一定要把握住机会。

第二个方向是自主可控。我国虽然已经是世界第二大经济体，但是某些产业上依然还不具备优势，某些核心领域，我们必然要将技术掌握在自己手中，比如半导体、大飞机、数据安全等领域，将会有更加广阔的发展空间。

第三个方向是高端制造。改革开放时期，我国的劳动力比较充足，但是技术储备却不太够，因此在世界上大多数承接的是低端制造业。所以，整个高端制造业也会有可观的空间，比如工业母机、专精特新等。

任何时候，我们都要顺应时代的潮流，投资也不例外，只有真正看清楚时代的脉络，并且顺势而为，成功的概率才会变大。

4 基金行业的发展

投资就是投国运。选择长期基金投资,一方面是长期看好中国的发展,另一方面,也是长期看好基金,特别是中国基金业的发展。基金业已成为最受民众欢迎的投资工具。

4.1 全球基金规模的增长

基金具有专业化管理、多元化产品结构以及能提高资本市场流动性的特点,吸引着投资者对基金需求不断增加。过去10年,全球基金资产规模增速强劲,其中包括美国、欧洲国家、亚太地区国家和其他国家。

美国和欧洲市场的基金规模是领先的,主要是因为其健全的监管机制和成熟的市场。美国基金出现于20世纪20年代,拥有近百年的历史。欧洲市场有UCITS监管框架,允许欧盟成员国之间相互出售和购买基金,同时也可以向其他国家公民出售基金,从而不断吸引着投资者。

2019年,美国和欧洲的基金资产分别占全球规模的47%(25.7万亿美元)、34%(18.8万亿美元),而亚太地区和其他国家仅分别占13%(7.3万亿美元)、6%(3.1万亿美元)。虽然亚太地区的占比并不高,但增速超过欧美,近十年以来的占比一直在不断稳步提升,而开放式基金的销售也在不断增长。见图15.6、图15.7。(销售净额=总销售额-总赎回+净外汇换算)

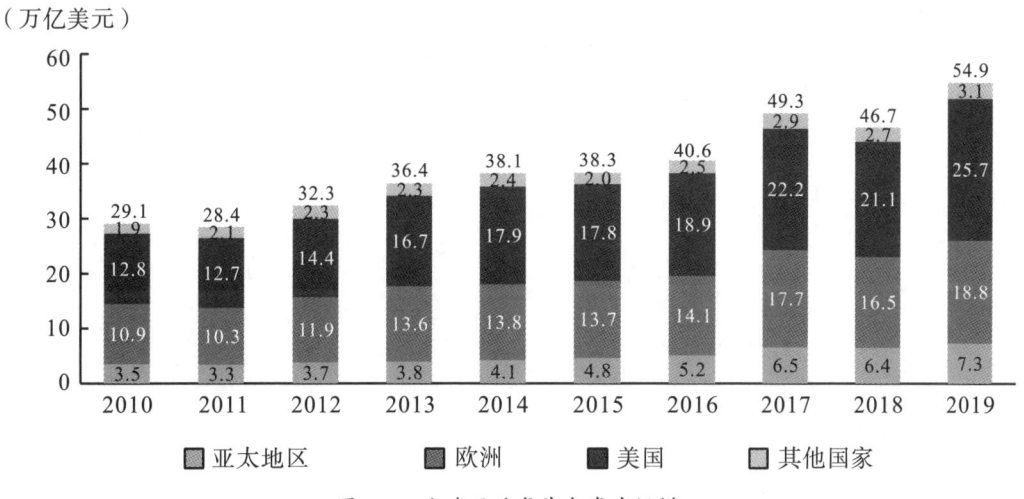

图15.6 全球开放式基金资产规模

(数据来源:ICI *2020 Investment Company Fact Book*,华创证券)

(十亿美元)

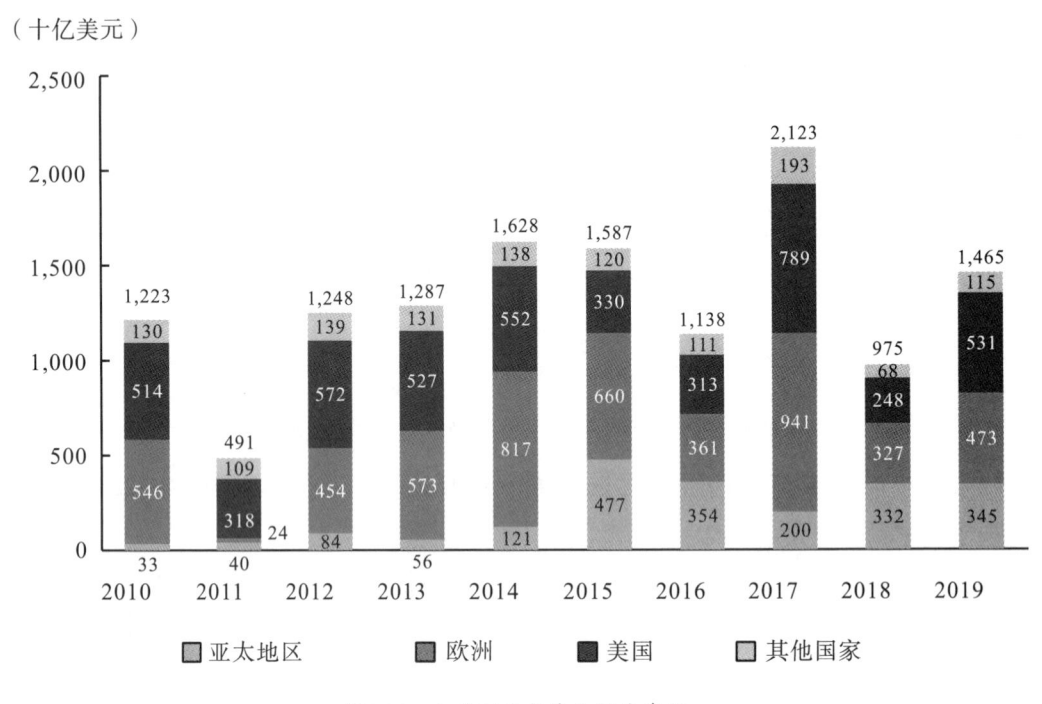

图15.7 全球开放式基金销售净额

(数据来源:ICI *2020 Investment Company Fact Book*,华创证券)

可以看出,基金在全球市场都非常受欢迎,越是金融发达的地方,增长越快。基金有很多分类,以美国基金为例,从基金产品形态来分,美国基金的类型分为开放式和封闭式基金,开放式基金又包括共同基金、ETF和机构基金。

共同基金可能了解的人不多,国内,共同基金的正式名称为"证券投资基金",主要的投资标的为股票、期货、债券、短期票券等有价证券。而美国共同基金不仅投资于证券,还投资于黄金(或其他贵金属)、期货,还包括期权和房地产。

接下来看看2019年美国共同基金的构成比例。

权益类和债券类分别占比54%、22%;货币市场和混合类分别占比17%、7%。从结构上看,权益类的资产在美国的占比很高。见图15.8。

中国市场占比最大的是货币型基金,其次是混合型基金。见图15.9。从结构上看,美国基金的构成比例显得更成熟。

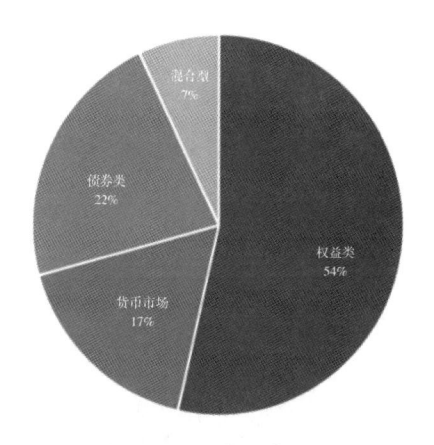

图15.8　2019年美国共同基金资产规模构成

（数据来源：ICI *2020 Investment Company Fact Book*，华创证券）

图15.9　中国基金规模构成（数据来源：东财财富网）

4.2 中国基金行业的发展

我国基金行业经过不断探索，到目前已经形成监管规范不断加强、公司格局不断完善的局面。经过几十年的发展，我国的公募基金越来越受到广大投资者的认可。

第一，基金行业规模不断增大。

如图15.10所示，中国公募基金的规模持续扩大。公募基金站在历史新起点，新一轮大发展即将启程。

第二，基金行业监管不断规范加强。2015—2017年，基金行业的监管法律和政策频繁出台，监管的内容已经覆盖了基金运营的全过程。基金业监管框架已经基本搭建完成，监管也在不断加强和完善。随着资管新规的到来以及国内金融市场不断对外开放，基金行业迎来新的发展机遇。

第三，基金行业凸显投资专业化。从数据来看，大部分主动型基金的收益能跑赢被动型指数。这反映我国的大部分主动型基金能为投资者带来超额的收益，同时也说明中国的公募基金经理普遍对宏观经济及行业投资把握较为准确。

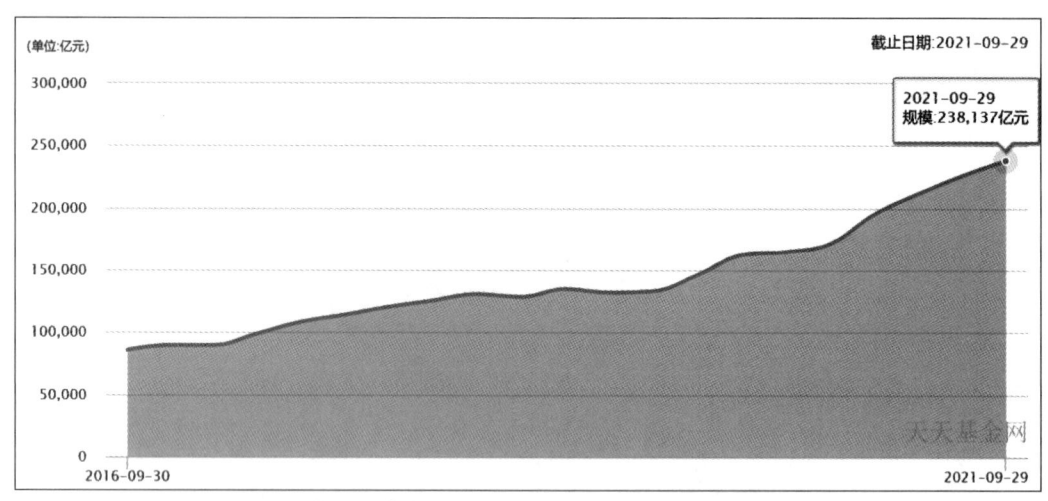

图15.10　中国公募基金规模走势图（数据来源：天天基金网）

第四，互联网模式大发展。因为互联网渠道的畅通，让资金投资变得更为方便透明，也更为便宜。最直接的影响就是互联网的申购费打1折，大大降低投资成本。另外，随着互联网工具的普及，大家可以更直观地比较各类基金的优劣势，信息获取渠道更为宽泛，为基金投资带来便利。

综上所述，中国基金行业正在蓬勃地发展，选择基金投资必能分享到经济发展的红利。

5　看好的行业

讲行业之前，先介绍一下凯恩斯"选美理论"。"选美理论"是宏观经济学之父凯恩斯在研究金融市场的不确定性时发现的。他总结自己在金融市场投资的诀窍时，以形象化的语言描述了他的投资理论，那就是金融投资如同选美。

在有众多美女参加的选美比赛中，如果你猜中了冠军就可以得到大奖，你会怎么猜？凯恩斯告诉你，别猜你认为最漂亮的，而应该猜大家会选哪个。只要大家都投她的票，你就应该选她，而不能选那个长得像你梦中情人的美女。这里的挑选并不是根据个人看法选出最漂亮的人，而是运用智力去猜测其他参与者要挑选的人。

再回到金融市场投资问题上，不论是炒股票、期货，还是买基金、债券，不要去买自己认为能够赚钱的金融品种，而是要买大家普遍认为能够赚钱的品种，哪怕那个品种根本不值钱，如果大家都选它，它就能赚钱。

"选美理论"告诉我们，股票市场投资不仅仅基于价值，更是要基于群体心理效应。凯恩斯在股票投资中，将经济学放在了次要地位，而将主要精力集中于心理学和行为学的研究。

我在选择看好的行业时，既要选择有很强发展潜力、增长空间的产业，又要选择需求量比较大的主流赛道。另外，还有最重要的一点，要符合国家发展的战略方向。2021年，我个人看好且投资布局了以下方向：

5.1 新能源替代

在碳中和进程中，清洁能源、再生能源对传统能源的替代是不可逆的。投资这个行业属于跟着政策和行业高景气两个方向走。新能源的概念非常宽泛，包含新能源汽车、光伏、风电、氢能源等。

以新能源汽车为例，渗透率最高的地区是欧洲和中国。图15.11是欧洲主要国家禁售燃油车时间表。

国家	禁售燃油车时间表
意大利罗马	2024年
荷兰	2025年
挪威	2025年
德国	2030年
比利时	2030年
瑞士	2030年
西班牙	2040年
法国	2040年
英国	2040年

图15.11 欧洲主要国家禁售燃油车时间表（数据来源：Wind，东莞证券研究所）

现在很多人对新能源车仍持观望态度，但全球新能源车的渗透率仍在不断提升。高速的增长给投资这个行业的人带来丰厚的回报。而且在未来，这个增长仍可持续。见图15.12。

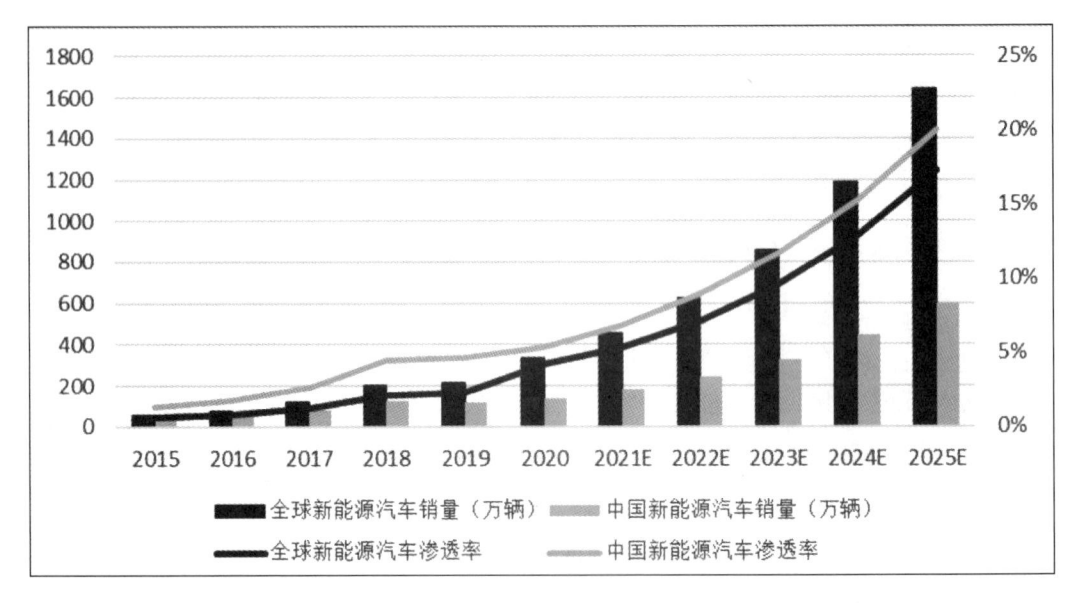

图15.12　2015—2025年全球新能源车渗透率预测（数据来源：智研咨询，Wind，东莞证券研究所）

5.2 硬核科技

我国的发展规划，科技是重中之重，有政策性扶持，必会迎来高速的发展。半导体、5G、芯片、光刻胶、工业节能、军工等相关产业都处于渗透率较低，有望出现大幅提升的领域。

5.3 消费行业

消费行业在投资界是亘古不变的话题，看看巴菲特跨越50年的持仓，其中最多的就是消费行业的公司。A股也是一样，大的资金一直是围绕大的消费股在投资。

2021年的消费股遭遇了近几年最大的下跌，主要原因，一方面是前期涨太多，透支了短期的上涨动力，另一方面是受到经济影响，短期的消费力下降，导致消费公司短期业绩下降。

长期看，消费行业仍然是投资的主赛道。短期调整后，后续持续稳健地增长是大概率事件，仍然有较大的投资机会，符合长期投资路线。

5.4 医药行业

随着老龄化时代的到来，中国对于医药医疗的需求越来越大。看病吃药是刚需，整个医药行业将长期维持高增长。

由于受到集采和限价的影响，2021年医药也迎来了一波比较大的回撤，但从中长期来看，低吸是不错的机会。

在中国和美国市场，医药都具备长牛属性。自2000年1月至2019年6月，近20年的时间，标普500医药行业指数上涨196.47%，同期标普500上涨100.28%，医药行业指数涨幅大幅领先。

同样，A股的医药指数也有较好的投资表现。过去10年全指医药上涨133.31%，同期上证指数和深证成指分别上涨5.04%、-16.29%，医药指数涨幅也是大幅领先。

过去10年，美股共诞生12只市值100亿美元以上、涨10倍的医药股。A股诞生6只市值100亿元以上、涨10倍的医药股。说明医药行业也是大牛股的密集诞生地。

另外，中国的医药企业和美国差距还很大。截至2018年，美国TOP20医药企业总市值达2.9万亿美元，中国TOP20医药企业市值只有1.5万亿人民币，未来仍有很大的增长空间。

后 记

投资的意义是什么？

美国作家泰勒·本-沙哈尔在《幸福的方法》写道："乐透大奖的得主，平均一个月的时间，幸福感会回到得奖之前；车祸截肢的人，平均一年的时间，幸福感也会回到车祸之前。所以幸福与否似乎与你的处境无关。"

巴菲特投资时不会说他今年的目标是20%收益。万一遇到行情差，是不是非常痛苦？

我认为，投资最终的快乐，不完全取决于结果是否盈利，而是在追求盈利的过程中——打破认知边界、不断充实自我——获得的满足感和充实感。

这便是我认为的投资的意义。

这本书陆陆续续地写了大半年，是我写的第一本书。不敢说内容有多么了不起，但绝对是非常真诚地把我的知识、经验、教训呈现在大家面前，希望能帮助更多年轻的朋友、新入行投资的朋友建立科学的投资观和投资方法。

金融市场是一个高手云集的地方，里面每个人都以自己的认知、信息、金钱在博弈着，这里就是一个没有硝烟的战场。

投资最大的魅力在于它是能让你坚持一辈子的、有意义的事。读完这本书只是开始，我希望通过这本书能认识更多热爱投资的人，在漫长的投资之路上，保持终身学习，和大家一起共同进步。